一 切 从 改 变 思 维 方 式 开 始

反脆弱

做一个内心强大的人

壹心理 ◎ 编著

SPM

南方出版传媒
广东人民出版社
·广州·

一边害怕，一边前行

学心理学的人不是有病，而是最先觉醒。

——中国叙事疗法奠基人 李明

1998 年，我 15 岁，念初中，有件小事萦绕在我心头一直挥之不去：某次体育课，老师犯了懒，就让我们绕着操场跑圈。我吭哧吭哧地绕着跑，鞋带突然散开了。于是我停了下来，花了好长时间才系好鞋带，然后继续跑。结果鞋带又散开了，再次蹲下来系好，如此反复。那个就是少年时期的我，被家人保护得有点过度，以至于连个鞋带都系不好！这样弱不禁风的我，根本没有能力去面对生活的惊涛骇浪。

2017 年，创业 9 年，在面对一次艰难抉择的时候，我和两个小伙伴去走了洛克线。洛克线位于稻城、亚丁，是国内徒步十大死亡路线之一，这里也是被人们常常描述为"身体在地狱，眼睛在天堂"的地方。为了一睹藏区三座神山的真容，我和小伙伴们背着装备，在海拔4000米左右的大山里，没有人烟、没有信号，就这样每天行进二三十公里。我们睡在牛棚里面，裹着跳蚤入眠，由于高反，头痛得厉害，彻夜难眠。

5天后，我从大山里走了出来，下山的路上，我情不自禁地和遇到的每一个人打招呼。这时候的我，超级自信，即使一个人，也能独自去面对生活中所有的难。

在前后20年的时光里，到底经历了什么，让一个柔弱无力的少年，可以如此自信且平静地站在世界面前。如果世上有"内心强大"这样的奖项，而我又有幸拿到这个奖的话，我想我会感激两样东西：创业和心理学。正是它们，让我的逆境商（Adversity Quotient）提高了不知多少个数量级。

我当然不想捂着良心给大家灌鸡汤，怂恿大家去创业，但我内心真的每分每刻都恨不得敲锣打鼓地去鼓励每个人学点儿心理学。

那么，心理学到底给了我什么？

我曾在一个四下无人的长夜，给我爸发短信，大概是这么说的——小时候逃避的苦，创业之后，生活都加倍偿还给我了！

也许有人会说，我们应该感激苦难，因为是苦难让我们成长。不，我并不感激所谓的苦难。正如陈虻对柴静所说的一样——苦难不是财富，对苦难的思考才是。

对苦难的思考最好的工具便是心理学。正是心理学让每个人都可以走出内心的"洞穴"，看到"洞穴"外光明的世界，而非世界的投影。这正是我们壹心理创办这么多年在做的事情。有一次内部会议上，我和小伙伴说，但凡有人提到心理学就觉得自己是不是有病，那么，壹心理还在路上；但凡有人内心遇到了困惑但却没有勇气求助于心理学，那么，壹心理还在路上。

《反脆弱》这本书就是我们和许多专栏作者在路上的见证。我们振臂高呼，奋笔疾书，想借此力去消除大众对心理学的羞耻感和偏见，让心理学可以成为我们的血肉、思想，让我们每个人都能变得强大，能更好地去应对这个世界。

当然，我并不认为这本书可以让我们的内心坚不可摧，但是我相信，它能让我们更加了解自己的内心，并掌握用心理学去面对困境的方法。生活中仍然会有很多让我们害怕的东西，但即使这样，我们也可以不对这个世界投降，因为我们能够一边害怕，一边前行。

黄伟强

2017 年 11 月 13 日

{1} Chapter One
心态决定一切

{2} Chapter Two
做一个会折腾的人

{3} Chapter Three
不平庸的活法

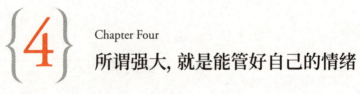

{4} Chapter Four
所谓强大，就是能管好自己的情绪

Chapter Five
一生只能爱一个人吗

Chapter Six
有什么样的父母，
就有什么样的"复印件"——孩子

Chapter *1*

心态决定一切

为什么你那么努力，却还是没钱：
比穷更可怕的是"稀缺心态"

稀缺心态，这个概念由哈佛大学教授塞德希尔·穆来纳森提出，他是行为经济学领域的重要领头人，花了大半辈子，研究"穷人和贫穷的本质"。他发现，长期处在匮乏稀缺状态下的人，都会慢慢被环境所改变，逐渐形成一种稀缺心态。

很多人无法摆脱没钱的困境，并不是因为他们不努力，是因为他们有稀缺心态。即便他们得到了更多的钱，本质还会是一个"穷人"。

为什么穷，因为你有"稀缺心态"

Peter 是一名助理，他正因财务状况青黄不接而苦恼：房租就快到期了；跟朋友借的钱也差不多要还了；好不容易等到发工资，没想到一下子就花完了。缺钱的日子不好过，出去跟朋友聚餐，还要等着别人请客，都不好意思社交了。

而且从短期看来，这样的处境不会有所改变，甚至会越来越差。因为他"双十一""剁手",赊账买的微单,下个月要开始还款了。答应给女朋友作为圣诞礼物的美图手机,看来也只能打白条了。令他头疼的是,等到下个月,所有账单要如何支付呢?很多人跟 Peter 一样,都是"月光族"。

出身并不富裕的 Peter,毕业之后再没跟家里要过一分钱。没钱还账单,"穷"俘获了他的大脑,让他每天的工作都无精打采。为了省钱,他决定搬到更加偏远的地方住,但是代价就是,不得不花费大量的时间在路上。

由于路途太过遥远,他发现工作外自己可控的时间更少了,回到家本想学习一些设计的知识,但更多是倒头就睡。说好的要提升自己的英语能力,到报名那一刻又觉得太贵了,不如下个 App 学学算了。

不知不觉地,他陷入了一个循环,由于长期注意力不集中,领导对他意见越来越大,每年的晋升机会都轮不到他。而且自己平时的提升太少,跳槽并不容易,Peter 更愿意待在这个自己不怎么喜欢的公司。事实上,很多人跟 Peter 一样,穷并不是因为自己不努力,而是因为这种"稀缺心态"。

稀缺心态,这个概念由哈佛大学教授塞德希尔·穆来纳森提出,他是行为经济学领域的重要领头人,花了大半辈子,研究"穷人和贫穷的本质"。他发现,长期处在匮乏稀缺状态下的人,都会慢慢被环境所改变,逐渐形成一种稀缺心态。

当稀缺心态俘获我们的注意力时,就会改变我们的思维方式,影响我们的决策和行为方式。这里的稀缺不仅仅是缺钱,也有可能是缺时间、缺爱。

"稀缺心态"是如何阻碍人变得富有的

为了进一步了解稀缺心态是如何让穷人变得更穷，阻碍他们变得富有，可以把它带来的后果，总结为以下3点：

a. 忽略长期投资（教育、健康和理财）的重要性——管窥效应

所谓的管窥（Tunneling）就是通过一根管子看东西，管子以外的东西是看不见的，这让我们只能一门心思地专注于管理手头的稀缺。

这个效应导致了很多穷人（收入稀缺）不重视教育，鼓励孩子早早辍学打工。因为教育的回报是长期的，而打工的收益是可以立即看到的。

在选择工作时，拥有稀缺心态的人，更容易忽略一些对长远来讲更好的机会，而只盯着那些短期内收入更高的选择。比如很多人会为了多20%的薪资，而忽略自己的成长。

管窥效应会让穷人忽略长期投资（教育、健康和理财）的重要性，从而无法改善收入的效率，因此就会一直穷下去。就像Peter，他一旦进入稀缺的状态就没法在业余时间提升自我，也不愿意花钱去学习一项新技能。

b. 借用——透支未来

拥有稀缺心态的第二个后果就是借用。他们会和Peter一样，习惯性地借钱买东西。尤其是现在存在太多的诱惑，各类电

商平台和互联网金融网站，都在大力推广分期业务。一部新上市的手机，点一下就能立即拥有，谁又顾得上下个月的账单呢？可怕的是，自己透支过一次之后，手上就基本不会再有现金了，彻底变成"月光族"。

像"90后不应该买车买房"这样的观点是对的，在你并没有非常宽裕的情况下，买车买房很容易让一个本来活得相对轻松的人，立即陷入到稀缺的状态。这也就是我们常说的"房奴"和"车奴"。

年轻人过早进入透支状态，就会向环境妥协，即便不喜欢这份工作，也不能随便换，从而忽视长期的机会。

c. 消耗带宽（能同时处理多件事情的容量）

稀缺心态最致命的影响，就是引发带宽不足。如果我们把人脑理解成一台电脑，带宽就是它能同时处理多件事情的容量。

试想一下，一个满脑子都想着怎么凑齐明年学费的穷学生，脑子里的可用带宽一定会比一个富裕的学生少。一个人饥饿（食物稀缺）的时候，是无法集中注意力的，脑子里只会想着快去找东西吃。报告还没做完，但明天就是截止日期（时间稀缺），这也会让人没法尽兴地聚会玩耍。

稀缺就像是一个有Bug的程序，在脑子里不断运转，并消耗着我们的脑容量。

这也是为什么缺爱（感情稀缺）的女生更容易找"渣男"，因为稀缺使她带宽不足，没有脑容量去判断这个男生的其他方面，只要感觉到这个男生对她不错，就在一起了。所谓被爱蒙蔽了双眼，也就是这个道理。

缺乏资源（人脉稀缺）的人，会更相信攀附关系和阿谀奉承的意义，喜欢到处炫耀自己认识哪位牛人，而忽略了长远而言提升自身价值才是获得资源最好的办法。

大家常说的，缺什么就喜欢炫耀什么，其实也都是稀缺心态作怪。并不是说那些炫富的人是缺钱，他们可能有钱，但在心理层面跟穷人并没有区别，对钱还处在稀缺心态。而有些经常喜欢秀恩爱的人，也不是没有得到爱，而是他们心理的状态还停留在一个缺爱的阶段。

很多人无法摆脱没钱的困境，并不是因为他们不努力，是因为他们有稀缺心态。即便他们得到了更多的钱，本质还会是一个"穷人"。

如何摆脱"稀缺心态"

不要管理自己的时间，而是要管理自己的精力。

a. 节约带宽

生活中需要做决定的事都会消耗带宽，而减少生活中要做决定的琐事，能帮助我们把带宽留给更加有价值的事情。

这也就是为什么那些日理万机的企业家和领导者，都会严格遵循自己的时间表，每天在固定时间，做相同的事情（例如回复邮件、健身和开会）。

还有为什么他们只会穿那几套衣服（像扎克伯格和乔布斯）。因为把这些琐事都人为地先安排好，在那一刻就不需要自己去做选择，可以减少带宽的负担。

像工作日的午餐，我就只会去少数固定的几家餐馆，这样可以避免一到中午就耗费脑力，痛苦地去思考吃什么。

这些日常琐碎的选择，对于我们摆脱稀缺心态，实现财务自由或者时间自由，一点帮助都没有。

所以**不要管理自己的时间，而是要管理自己的精力。时间再多，没有足够的带宽，还是只能拿来消遣和发呆。**

b. 不要透支

无论你的月收入是多少，都要拿出一部分来作为储蓄（可以不放银行，放个余额宝什么的，但高风险的投资一定要避免）。这些钱可能不能让你发财，但是它能在关键时候保证你不会陷入稀缺状态。

不要透支未来，尽量避免借钱买东西，太多即将到期的账单，会给你的带宽带来负担。个人跟企业不一样，企业借贷是为了提升效率，赚更多的钱。而个人借钱，大部分就花掉了。

对于时间也是同样的做法，虽然时间不能存起来，但也要为每周、每月留出一些空白的时间，不要把每天都排得太满。

除了要想办法提升工作效率之外，做事情分清楚优先级也很重要。如果突然间遇到一些需要急于处理的事务，就不至于要"借用"未来的时间。

c. 每天多做重要但不紧急的事: 设置提醒

如果你发现,自己每天做得最多的,都是一些重要但不紧急的事情,那么恭喜你正在往对的方向前进。反之,如果你每天都跟救火队员似的,只在做一些紧急的事情,你已经掉入稀缺的陷阱里面了。

这时候我们都需要一些提醒,例如减肥和学英语,有钱的话可以请个私教或者老师,没钱的话就加入一个社区或社群。每月储蓄可以把银行卡设置成自动划款,把忽视变成默许。

很多人"穷"并不是因为不努力,而忙忙碌碌也并不是因为没能力。只是因为他们所处的环境,就像一个隐形的枷锁,锁住了他们,无论他们怎么努力,最终都很难跨越自己的阶层,实现财富自由。而这个隐形的枷锁,就是稀缺心态。

我们不能单纯地认为,一个人之所以没钱就是因为他不努力,他活该。也不要天真地希望,社会会变得完全公平,让所有人都拥有一样的资源,那将会是一个停滞的社会。

天生就在一个稀缺环境中成长的人是不幸的,但简单地给予他们更多钱和机会也不可行。就如穆来纳森教授曾说过,我们需要把稀缺心理中,所体现的专注力和带宽问题等根本性见解囊括进来。

祝大家都能打破自己的稀缺心态。

安装,剑桥大学硕士。目前创办并经营着两家公司,知页和思微。

人生最怕的不是失败，
而是连失败的勇气都没有

最糟糕的情况，不是你出了错，而是你居然没有出错的勇气。所以，像是去完成一个优雅的任务一样，去出一次错吧，同时带着孩子一般的好奇心，去观察接下来会发生什么，有什么有趣的事情出现？结果如何？你学到了什么？

要做就做"知足者"

已经无数次，有来访者告诉我，他很焦虑，焦虑到凌晨三点，还在修改第二天演讲时要用的PPT；焦虑到精心策划了两年的项目从没有实践过一步；焦虑到他必须花费半年时间，分析完所有品牌、价位、型号的手机，才满怀忐忑地买下性价比最高的那一部，然后马上又后悔……

我告诉他：几乎所有的焦虑都出自一个根源——绝不允许自己出半点差错。在那个宁死也要捍卫的完美形象背后，总是藏着一颗惊魂不定、不堪一击的小心脏。

尽管大多数抱怨自己焦虑的人看起来痛苦、自怜，甚至自恨，但我想说，其实你是太猖狂啊！因为你想一步登天，因为你认为自己就应该是个完美的神。但富有戏剧性的是，如此追求完美，竟成了一件最不完美的事。

社会心理学家谢洛姆·施瓦茨（Shalom H. Schwartz）和同事在研究中发现两种价值观截然不同的人。

一种人倾向于穷尽所有可能的选项，只为从中挑选出那个唯一的最好的选择，他将这类人命名为"最佳选择者"（Maximizer）；而另一种人，只要找到差不多的那个选择就完成了，满足了，他们叫作"知足者"（Satisfier）。

最佳选择者要花较长时间去选择，而且做出的选择看起来要比那些知足常乐者很快做出的选择好得多。然而悲催的是，他们反而会对自己的选择不甚满意。

更悲催的是，总体而言，与知足者相比，最佳选择者过得更不幸福，心态更悲观，生活满意度更低，并且更容易抑郁、后悔和自责。

大量心理学研究已证实，完美主义心态导致抑郁和焦虑，降低生活质量。这种消极影响如此严重，以至于完美主义已作为抑郁症状的一部分，并成为造成抑郁自杀事件的一个重要诱因。

所有这些发现，无不戳中完美主义者的痛点。他们急需做的，是改变对"出错"这件事的态度。

出错是值得鼓励和庆祝的

哈佛大学积极心理学家埃伦·兰格（Ellen Langer）曾做过一项研究，探索对出错的开放态度。实验将参与者随机分成三组，让他们做演讲。

A 组参与者被告知"出错是不好的"（完美主义）。

B 组参与者被告知"出错是难免的"（自我原谅）。

C 组参与者被告知"请在演讲中出一个错误，而且还可以出更多意外错"（好奇开放）。

结果，C 组参与者在演讲中感到最舒服，最不焦虑，并且得到了观众的最高评分。之所以如此，正因为这组参与者已经把完美的自我抛在脑后，只是专注地去表达，好奇地去探索这次经历所带来的可能性。

这是我非常喜欢的一个实验，它很好地表明，**出错并非我们避之不及的丑事，一旦错误发生，我们也不是只能以自我安慰来应对；出错还可以是值得鼓励和庆祝的，它甚至能让人表现得更加出色。**最近，网上一档以毒舌著称的喜剧脱口秀节目火了，这档节目每期邀请一位阅历丰富、三观正确的名人作为"被吐槽"的主角，由这位名人再邀请一群自己的圈中好友，一起轮番相互吐槽，并且还要争出胜负。

那些平日里光鲜亮丽的荧屏偶像，在节目里都变成了被众人奚落和调侃的对象，从曾在主持招聘节目时，把选手骂到晕倒的张绍刚，到代言了各种奇葩广告的唐国强，从只有一部剧被观众熟知的剧作家史航，到在真人秀里制造了"放气"事件的郑恺，没有一个不在自黑的道路上越走越远。

可是所有人都很开心，观众更是连连捧腹大笑。无论是怎么也不红的，还是过了气的，都通过这个节目着着实实地火了一把。

我希望所有完美主义者都能看一看这样的节目，不仅仅因为它的幽默方式，还因为它对"完美主义癌晚期患者"有着绝好的治愈效果。

它让我们知道，出错很 OK，出错很可爱。有趣的是，**越是有影响力的人，错起来越是有魅力。当他当众出纰漏或揭自己的短时，你会戏剧性地被满满的正能量所包裹。**

这种现象看似荒谬，但早已被研究好奇的心理学家托德·卡什丹（Todd Kashdan）所看穿：这就是为什么人们情愿花费 10 倍的高价去听最喜爱的乐队的现场表演，也不愿意在家里听他们那些完美无瑕的 CD 录音。

往往即兴的、不完美的表现，才会是最神奇、最出彩的，因为它就是生活本来的样子。

没有一种聪明比得上努力

当你还是蹒跚学步、牙牙学语的宝宝时，你是多么肆无忌惮地出错呀！摔过多少跤，说过多少狗屁不通的话，可是你焦虑了吗？没有，反而是开开心心、咿咿呀呀的，就很快把什么都学会了。

曾几何时，你竟然开始对出错感到如此厌恶，甚至达到一种超乎寻常的恐惧的地步！这究竟是怎么了？

故事大概得追溯到你的童年，那时候你才上小学一年级，你拿着考了 98 分的试卷，兴冲冲地跑回家，递给爸爸，可爸爸只是淡淡地看了一眼，指着分数质问道，那两分是怎么丢的？是的，从那个时候起，噩梦就开始了。

而现在，是时候改变态度了。

斯坦福大学心理学家卡罗尔·德韦克（Carol Dweck）提出发展性思维（Growthmindset）和固定性思维（Fixedmindset）的区别，并在实验中证明了前者的重要性。

她通过研究发现，仅仅是分别表扬学生"聪明"（固定性思维）和"努力"（发展性思维），就可以让本来学习成绩不相上下的学生，在随后的实验中产生差异。

被表扬"聪明"的孩子，成绩下降了 20%，而被表扬"努力"的孩子，成绩提升了 30%。因为，那些"聪明"的孩子，学到的是把出错灾难化，而那些"努力"的孩子学到的，则是要从错误中进步。

记得我刚读积极心理学研究生的时候，教授介绍给我一项研究，关于领导者如何帮助员工从错误中学习，我当时觉得这一点也不"积极心理学"，毕竟这是一个关于"错误"的话题。迫于学术成果的压力，我勉强接下这个活。可是后来，它却变成了我研究生期间做过的最有意义的一个课题。

我的研究发现，具有积极领导力风格的领导者，更善于帮助员工树立对错误的积极态度，而其中的机制，很可能就是他们培养了员工的发展性思维，而不是固定性思维。这项研究不仅成功发表，而且为我赢得了学生研究奖。

最最重要的是，在一遍遍深挖这个话题的过程中，我自己彻底改变了对于出错的态度，也从深度焦虑中走了出来。

人生最糟糕的不是出错，
而是你居然没有出错的勇气

此刻，如果你正在焦头烂额地准备一场绝不能失败的演讲，或者在永无止境地拖延实施一项策划两年的项目，又或是还在纠结抓狂最好的那款手机会不会是下一款……

我建议你先停下来，做一个深呼吸，放下对自己严苛的评判。

然后，去规定自己在这件事情上出个错吧！

最糟糕的情况，不是你出了错，而是你居然没有出错的勇气。所以，像是去完成一个优雅的任务一样，去完成一次出错吧，同时带着孩子一般的好奇心，去观察接下来会发生什么，有什么有趣的事情出现？结果如何？你学到了什么？

如果你身边的人也面临同样的焦虑，请给他们这个建议。

事实上，正如没有人会在乎你把电线杆底座擦得有多亮，也不会有人真的记得，你出错的时候有多丢脸。

Helen Yan，壹心理专栏作者，心理学硕士，英语硕士，积极心理学者、辅导师，目前在美国加州克莱蒙特研究大学 (Claremont Graduate University) 攻读心理学博士学位。师从积极心理学开创者之一、福流之父契克森米哈教授。个人公众号：HQuest 幸福知道。

永远别相信任何人对你的任何评价，包括你自己

　　别人对我们的评价，或者说对我们的言行的解读，更多的反映出他们是谁，而非我们是谁。

　　永远不要相信任何人对我们的任何评价。因为你一旦相信，就会在不知不觉中，跟魔鬼们签下限制自己的契约。

相信别人对你的评价，你就丧失了自己的自由

　　我们都在追求自由，可是我们真正自由吗？

　　我们并不自由，那么阻碍我们自由的最大敌人是谁呢？

　　你猜对了，这个最大的敌人，就是我们自己！

　　你看婴儿在玩耍的时候，其实他们绝大多数都是自由的。他们不去考虑社会责任，不会担心自己被人嘲笑，不会害怕失败或是被拒绝。他们最真诚地表达自己的情绪，不会害怕去爱，当他们看到爱时，会跟爱一起融化。

那么我们是从什么时候开始不自由的呢？

它就发生在我们被整个家庭和社会"驯化"，或者说是我们逐渐被社会化的过程中。

那一年，你4岁，非常喜欢唱歌。你有着动听的、灵动的嗓音，唱歌让你快乐。有一天，妈妈加班到晚上8点才回家，你不知道她今天跟同事吵了架，并且被一位客户投诉，不知道她今天头疼了一整天，晚上几乎都没有吃饭，不知道她此刻还是头疼欲裂，并且非常想静一静。这些你都不知道。你只是很开心，看到她回家，你就更开心了，开始放声歌唱，欢快地围着她唱歌。妈妈终于按捺不住，没忍住就对你有些凶地说："别唱了！你不知道你的嗓音很难听吗？"

那一刻，你住嘴了。从此你变得不太愿意唱歌了，因为你怕别人讨厌你。你觉得自己的嗓音很难听，所以索性就不要唱了。你甚至开始变得很害羞，不敢跟其他的小朋友讲话。而所有的这些变化，仅仅是因为妈妈在心情糟糕的时候，无心的一句斥责。她并不知道这句话在你身上的影响，她像全世界的其他妈妈一样，对你怀揣着最美好的期望。可是她永远都不知道，一句话可以在你的心里生根发芽，变成一个你束缚自己的，和自己签下的，魔鬼契约。

你上初中的那一年，开始爱上了数学。你发现数字是如此奇妙，不管是代数、算术或者几何，它们的规律是如此完美，让你沉醉其中，不能自拔。你并没有想争什么，但是在全班的第一次数学考试中，你拿了第一名。当你看着成绩单，惊喜不已时，老师在讲台上说了这么一句话："数学思维一般还是男生比较擅长，女孩子可能开始的时候成绩很好，但是慢慢学到比较复杂的知识，就要落后于男生了。"你很难过。为什么就因为自己是女孩子，所以数学就会慢慢落后呢？

你也不懂是为什么，但你好像真的像中了魔咒般，数学成绩在初二时开始下滑。每一次你没有学好，脑中便会响起老师的那句话，然后你发现，自己开始慢慢失去对数学的兴趣，甚至开始讨厌数学。直到有一天，你告诉自己：女孩子的确不擅长数学，所以我还是去钻研文学吧！这位老师的一句偏见，再一次的，被你相信，并且内化成自己的声音。从此，你和自己，签下了又一个魔鬼契约。

当然，我可以给你讲无数个这样你和自己签下的魔鬼契约。

这些魔鬼契约都是你如真理般信奉的："我不擅长游泳""做我喜欢的事情是赚不到钱，并且没法养活自己""我如果按照最本真的自己活着，就没有办法承担赡养父母的责任""我如果现在不结婚，就肯定嫁不出去了""那么美丽性格好又高智商的女孩子，是不会喜欢我的"，或者是简简单单的一句"我并不觉得自己是一个很值得爱的人"……

这些魔鬼契约，都以别人无心、善意或者恶意的评价开始，以你最终把它变成自己内心的声音结束，然后你就在不知不觉中，慢慢丧失着自己的自由。

成长过程中自己的开心比任何评价重要

永远不要相信任何人对你的任何评价，这个人包括你自己！

因为不管别人对你的评价是好的，还是不好的，那都是他们对你言行的表面理解。比如你画了一幅画，有人说："哇，你画得好美！"你的画本身，并不因为她的评价而变得美了，而是你的画在她的心中，引发了她对于美的知觉。同样，另一个人看了你的画，说："我真的没有办法想象，你花了一个星期，就画出这么没有价值的东西！"同样，这个评价其实跟你的画在你心中的价值，甚至是它的实际价值都无关，这个评价仅仅说明，你的画没有触及到这个人觉得有价值的东西，或者仅仅是因为这个人想让你难过（也许因为他自己根本没有办法画出来）。

你真正要问的，不是这幅画到底美不美，或者有多少价值，而是问问你自己，在绘画的过程中，你是否开心，是否让自己内心想说的得到了表达、延展或者绽放？你的生命在这个过程中，获得了多大程度上的滋养，这才是它真正的价值！

别人对我们的评价，或者说对我们的言行的解读，更多的反映出他们是谁，而非我们是谁。

举个很简单的例子。你和女朋友还有另一位朋友走在路上，突然看到一个衣衫褴褛的卖花小姑娘，你掏出钱包，买下了全部的花，送给你的女朋友。你的朋友在心里想：他这么做，就是想在女朋友面前炫耀一下自己的大方。你的女朋友在想：我知道他是个非常善良的人，全都买下来，就是想让小姑娘今天可以早点回家。而卖花的小姑娘在想：他一定很爱自己的女朋友，才买了这么多花给她。

他们谁是对的呢？也许都对，但也可能都不对。因为你买花的真正原因，只有你一个人知道。但有一点是可以肯定的，他们对你行为动机的解读，透过了自己价值观的滤网。所以他们对你的这些评价，更多说明的是他们是谁，而不是你是谁。

所以，当下次别人告诉你，你非常擅长演讲，或者你非常不擅长演讲，都请你感谢他们，同时积极地寻求他们的反馈。但也请你记得，你擅不擅长演讲，跟他们都没有任何关系，因为你是流动的、发展的、变化的，所谓擅长或不擅长，都不是最终的你。最终的你，是你选择听从真正自己内心的声音，向着你想要的方向成长，并且接纳一切你此刻还成长得不够的地方。

永远不要相信任何人对我们的任何评价。因为你一旦相信，就会在不知不觉中，跟魔鬼们签下限制自己的契约。

你生命的流动性、复杂性和丰盛性，都应该由你自己来决定。我亲爱的朋友，这，才是真正的自由！

Joy Liu，本名刘双阳，北京师范大学心理学院临床所博士研究生，中国积极心理协会、国际积极心理学协会会员。微信公众号：繁荣成长工作坊 (Flourishing Party)。

耗什么不能"内耗"

在现实生活中，你追求更好、更优秀，想有某项好的特质，这都是没有问题的。但是如果你一定要追求结果，就有问题了。

人最大的内耗就是对自己的排斥。差劲让人痛苦，比起差劲，更让人痛苦的是对自己差劲的排斥。

你越是内耗，越容易心情糟糕。情绪容量越低，对别人的宽容度就越低，对别人的要求就越高。

为什么活得累：需要的不多，想要的太多了

你有没有这样的经验：经常觉得累，觉得压力大，其实也没干什么。经常觉得活着没意思，不知道自己到底想要什么。有时候清楚了自己要什么，有了努力方向，还没怎么干呢，就累了。然后就算打了鸡血，也坚持不了多久，不一会儿鸡血就干了。

这实际上是因为你内耗了。人的精力是有限的，当你内耗过多的时候，你外在能投入生产的自然就少了。这时候你想想外面

的事，什么都还没干，一想，就已经累了。

内耗的很大原因来自于你内心要强，想要变得优秀。你想要的优秀有很多种。

试举几例如下：

你想要好的成绩。虽然你想要的不是大富大贵，但你总是容易对自己的外在不满意，希望自己做事做得更好，有更多的成绩，有好的品位、长相、知识……

你总是对自己的习惯不满意，想要有好的习惯。希望自己能够坚持健身、节食、规律睡眠、做事有始有终、有执行力、有时间规划……

你总是对自己的性格不满意，想要很多好的人格特质，希望自己勇敢、坚强、乐观、勤劳、充实、果断。

有时，你会默默羡慕别人，希望自己也有他们身上的闪光点。有时，你看到自己不够好，会感到丝丝心凉，想努力改变自己。更多的时候，你都在默默地跟自己较劲：我要变得优秀起来。

也许你没有刻意罗列过，你到底想要哪些优秀。但是这种默默较劲的感觉，我想你一定不陌生。

你想要的优秀很多，应对方式通常就是打鸡血，鼓励自己，要求自己，鞭策自己，骂自己。不停地给自己偷偷设定方方面面的目标，结果越打越累。你马不停蹄地在改变改变，努力努力，即使你的身体没有努力，但是你的心却没有一刻放弃努力。于是内耗就产生了。

你想要做的事情越多，目标越庞大，渺小感越强烈，无力感越强烈。

做什么一定要追求结果，一定伤人伤己

在现实生活中，你追求更好、更优秀，想有某项好的特质，这都是没有问题的。但是如果你一定要追求结果，就有问题了。

问题1：对自己的伤害是巨大的。

尽管你在努力追求优秀，但不可否认的是没人可以做到事事、时时优秀。何况，不一定是发生了糟糕的事，只是你的标准和参照物有问题，那就很容易体验到糟糕的感觉。

每当你体验到糟糕的感受，例如懒惰、差劲、懦弱、拖延、虚度时光、做错事、早睡失败等等，你会怎么对待自己呢？通常你会告诉自己这是不好的，不对的，于是开始讨厌自己，嫌弃自己，骂自己，恨不得扔掉自己，杀死自己。这时候，你没有活在自己的身体里了，而是活在幻想里：要是我能够实现另外一个理想的自己，该有多好啊。

"一定要优秀"的心越强，你会越排斥自己，体验不到自己的优秀。

你越讨厌糟糕的自己，就越需要花精力来排斥自己，也就越累。做起事来就越来越力不从心，就会做得更差。然后更加排斥自己，陷入死循环。

拼命排斥，却摆脱不了，你体内其实是有两股真气在抵抗：

一个说，我就是发生了。一个说，不许发生啊。世界上最艰难的战斗，莫过于此。

这就是内耗。内耗让你精疲力竭，让你的生活越来越不快乐。

人最大的内耗就是对自己的排斥。差劲让人痛苦，比起差劲，更让人痛苦的是对自己差劲的排斥。

其实你体验到糟糕的概率和时间都是非常大的，远远多于对优秀的体验。所以多数时候，你的潜意识里都在因为自我排斥而持续内耗。

问题 2：对他人伤害也很大。

你越是内耗，越容易心情糟糕。情绪容量越低，对别人的宽容度就越低，对别人的要求就越高。这时候，你也看不到别人的承受能力，只知道一味地去要求。但是别人不是你啊，不像你这么能强迫自己，慢慢就不想跟你一起玩了，然后你就伤害了关系，失去了对方。

如果你的追求超出了能力，那一定活得很难看

有人说，那难道就不追求了吗？难道追求优秀、负责、充实、勤劳、坚强，这些都是错的吗？

不是的。追求优秀成绩、好的习惯和品质等是很好的。让人痛苦的不是追求本身，而是对追求的执着。如果你的追求超出了能力、不符合情境，你的挫败是必然的。

当没有体验到优秀的时候，你怎么对自己就很重要了。你能

允许自己有时候就是不好吗？你能允许自己有时候做错事，表现差吗？你能允许自己有时候不完美吗？你如果说，能啊，那，这次能允许吗？

人生最自然、最健康的状态是：优秀的时候享受，糟糕的时候接受。有精力的时候努力，没精力的时候休息。接受 +A 和 −A 交替存在，才是一个常态。更多时候，它是不受你控制的，不经意间 −A 就发生了。如果一定会发生，为什么不是这次呢？

追求优秀是可以的，可是追求不到，也别难为自己。当然好了更好，不好也没关系，都是可以的。你在意优秀很好，但是请别讨厌差劲啊。

当你允许的时候，你就不再排斥自己了，不再跟自己较劲了。内耗降低，对外的精力就最大化了，反而越做越好。

再比如说，明明在该学习的时间，却控制不了打游戏，那就接纳，人的自制力本来就是有限的。去打游戏，安心打就好，别自责了。带着自责的心，就算不玩游戏，学习效率也许会更低。

明明该闭嘴减肥，却还是忍不住多吃。如果吃东西能让你安心，那就吃呗，下次再注意。自控力固然是好品质，但是没有人能永远自控成功。自责之后，就没有精力留给自控力，更没有力气和信心减肥了。所以别时时、事事强迫自己。

这就像是某天突然磕着了，受伤了，你还要骂自己不该受伤吗？伤着了就是伤着了啊。

但是如果你有一个"磕着自己就代表愚蠢"的信念时，你就要开始骂自己愚蠢了。

人生如此多艰，糟糕在所难免。别人还没拆穿，别自己先拆起来了。受伤了，自己还往伤口上撒把盐，嫌弃自己一顿。何必呢？原谅自己，接受这次就是糟糕，就好了。

糟糕后，还嫌弃自己，就是内耗。糟糕后，原谅并安抚自己，就是积攒能量了。

不再内耗的时候，你不想优秀都不行

如果你可以接纳自己，不再排斥自己，那么恭喜你，这时候你终于可以观察自己，活在自己身体里，跟自己待在一起了。内耗也就被拿掉了。

你依然可以追求优秀。只是当体验到不优秀的时候，别再排斥自己。你可以和你的糟糕在一起，然后努力，而不是先花大把时间去骂它排斥它。

不再大量内耗的时候，你的优秀就会自然发生。

轻而易举的优秀，是轻松快乐的优秀。可是文化和童年都给了你一种艰难的旅途——要优秀，就要苦大仇深。不相信优秀也可以轻松快乐。

当你愿意活在自己身体里，跟自己待着的时候，自我反思才可能开始，成长也自此开始。

丛非从，心理咨询师，自由心理讲师，自由撰稿人。著有《你是在恋爱，还是在发神经》《找到意想不到的自己》等书。

真正的贵人是自己

人只要记住一个原则，不管是做什么事，不管是在什么环境中，尽可能做到利人利己，你会发现事情一定会越来越好，你的贵人也会越来越多。

为什么真正的贵人是自己

有一个非常有名的故事：在一个风雨交加的晚上，一对老年夫妇走进一家宾馆，想要住宿一晚。无奈宾馆已经满员，但在前台接待的服务人员并没有对老年夫妇说宾馆已满员，请他们到其他地方住宿这样的话，而是体谅到两位老人在这样一个风雨交加的夜晚来住宿的处境和心情，满怀理解和关怀地对他们说："非常抱歉，我们这里已经没有房间了，但是天已经很黑了，如果你们不介意的话，可以住我的房间。我晚上值班，可以待在办公室休息。"

看到这位年轻人很真诚，这对老年夫妇也就欣然接受了。第二天，老先生去结账，柜台仍旧是昨晚的那位服务人员，他微笑着说："昨天您住的房间并不是饭店的客房，所以不需要付钱，希望您与夫人昨晚睡得安稳！"老先生点头称赞："你是每个宾馆老板梦寐以求的员工。"几年之后，这位服务生收到一位先生寄来的信，信中邀请他到纽约一游。到达纽约后，他曾经帮助过的那位老先生带他来到一栋大楼前，并告诉他："这是我的旅馆，希望你来为我经营。"这就是希尔顿酒店第一任总裁的故事！

从这个故事中，你体会到了什么？又感悟到了什么？

很多人都希望自己的生命中能遇到这样的贵人，但却总是抱怨命运不济。因为我们不知道一个真理：这个世上真正的贵人从来不是别人，而是我们自己。

你为人处世的态度，你的人品，你对他人的体恤和关怀，你的善良的举动，这些都是你能否遇到贵人的根本所在。如果满心满眼都是急功近利，即便有贵人也让你吓跑了。

真正的人品往往体现在小事上，体现在和自己的利益不相关时，特别是不怕麻烦，方便他人的时刻。这个故事中的宾馆服务员，本可以公事公办，多一事不如少一事，但他却为了方便他人，费心周折。我相信，正是他做人的品质，让他遇到了贵人。

还有很多人，觉得自己身处卑微，没有机会遇到贵人，碰到机遇。实际上，贵人也罢，机遇也罢，不由外界决定，而是取决于你自己。是你认为自己的命运取决于别人的思维模式，让你形单影只。

其实，在任何时候，当你真的开始行动起来去帮助别人的时候，你就会忘记自己的痛苦。而在帮助别人的过程中，你也会发现很多的机会和自己的潜能所在。

人只要记住一个原则，不管是做什么事，不管是在什么环境中，尽可能做到利人利己，你会发现事情一定会越来越好，你的贵人也会越来越多。

有了钱，才能帮助别人吗

很多人通常都会有这样一个概念，觉得一定要有多少钱、多少能力才能够帮助别人。我自己都没吃饱，我怎么能够帮到别人？我自己都没有衣服穿，我怎么还能够帮到别人？

这样就把助人想得太局限了，认为只有自己有了钱，才能帮助别人。事实上，没有钱也一样能帮助别人。

比如，我们是否可以在看到别人时，能够给别人一张笑脸，这就是助人。我们都喜欢和颜悦色的人，一个不好的脸色往往会令人感到压抑。在很多家庭里，我们经常听到这样一句话：你能不能回来别总摆着一张臭脸？很多孩子也常说："我特别想用一个熨斗把我爸我妈皱着的眉头给熨平了。"

电梯也是一个有趣的场所，有时候简直是个人品检验站。电梯里进进出出的人，经常看似衣冠楚楚，光鲜亮丽，但是大家一进了电梯，就会有人迫不及待地按下关门的按钮，好像生怕被电梯外的人赶上。哪怕外面的人非常着急，正在一路小跑疾步赶来，都装作视而不见。如果我们都能等一等，并告诉那个急着搭电梯的人：别着急，慢慢来，我按着开门键等你。这对别人来说，不也是一种善意和帮助吗？

助人不一定非得去做一件多么惊天动地的事情，更多的是体现在日常生活的细节之中。有时候，一句发自内心的赞赏或关怀，就可以令人心情愉快。

记得有一次我们去吃饭，一个女服务员，一看就知道她当时已经非常疲惫了，所以当我们点菜时，她就特别地不耐烦，但我非常温和地跟她说："小妹妹，能看出你这一天已经特别特别累了，你肯定是站了一天了，对吧？你干这个活跑来跑去的，好辛苦啊！"她听完后，眉头一下就舒展开了，接下来的时间里，她变得非常愉悦，点菜的态度也好了很多。我的朋友们特别惊讶："她的脸一下就由阴变晴了？"

其实在我们的日常生活中，大事不多，小事频频，遇到大人物的时候不多，小人物天天见。人们往往喜欢关注那些大人物，却没有意识到：决定我们生活品质的，往往是那些我们每天相遇并打交道的人，特别是那些和你每天的衣食住行相关的人。

我有时间的时候，最喜欢做的一件事就是去附近的菜场买东西。在这种场合，经常会碰到买卖双方因为秤准不准，东西贵不贵而吵架的事。每次买东西，总会有几毛钱的差价，许多卖主一般都会为买家抹掉零钱，也有的卖主很认真地找零钱。蔬菜水果非常容易腐烂，本身就是小本买卖。我觉得卖菜的人很不容易，能不能赚到钱都难说，常常对他们说：你们起那么早，东西又容易坏，干这行赚钱真不容易，没你们我们饭都没法做，零钱就不用找了，我比你们赚钱容易些。这种时候，一般都会看到他们高兴喜悦的脸。每次去菜场，他们对我也很热情，经常帮我挑又大又好的蔬菜、水果。

很多人要去遥远的地方体验身心灵之旅，对我来说，菜场便是我经常体验身心愉悦之旅的地方。

生命中最重要的人，其实是那些每天都与你相遇的人。

我时常会想我自己做过什么助人的事情呢？其实也想不起来什么特别感动人的事情，但是就是感觉我走到哪儿朋友都特别多，什么事都会有人帮忙，并且很奇怪，总是在我最需要的时候，就会冒出合适的人来帮我。

很多人总是把帮助别人当作是一种牺牲，认为助人是一种付出或给予。我们总说自己碰不上贵人，可为什么有的人却能碰上呢？

道理很简单，如果我们常常带着助人就是助己这样一种态度去生活，即便我们得不到像希尔顿那样的一个机会，就助人本身的这种心态，在别人有困难你伸出援手去帮助，这样的态度，首先对你自己就有很大的好处，因为在你助人的过程中，你的身体里会分泌出一种有益于身体的物质。而这种物质是可以令你延年益寿的。也就是说，只要你是在助人的状态中，就会对自己有好处。

我们现代人总是说压力很大，而减轻压力最好的一个方式，就是赶快去帮助别人，当你痛苦的时候也赶快去帮助别人，当你百无聊赖的时候更要去帮助别人。

人们很多时候所感受到的痛苦和无聊，是因为我们考虑自己的事情太多了。而如果我们把时间和精力用在帮助别人时，我们就不会有那么多的痛苦和烦恼了，经常想着帮助别人的人是很少会感到痛苦的。

所以看似助人是在付出、给予，但事实是你会得到更多！

能把不高兴的人变成高兴的人，才叫有本事

一般来说，我们大多数人在遇到态度不好的服务员时，第一反应可能是：你这是什么态度？老子出钱了，你就应该为我服务，你摆什么臭脸，摆给谁看？之所以有这样的想法，是因为我们认为他或她的行为没有达到我们内心的标准，不仅如此，还冒犯了我们。当我们感到被冒犯时，自然就会愤怒、生气、不高兴，当人不高兴时，就会感觉烦躁、想抱怨、对抗，身体也会立刻分泌出有伤害作用的压力素。

每个人的生活都不容易，特别是处在第一线的服务人员。很多人远离家乡来到大城市，孩子成了留守儿童，生活条件非常紧张艰苦，他们也会有累得连笑的力气都没有的时候。那么，我们能不能心怀慈悲去体谅一下他们呢？或许因为心累，或许因为身累，你一定也有过谁也不想搭理的时候。

我们不能做那种走到哪儿都觉得别人欠了我们，要求他人一定要如何，稍有不如意就不高兴的人。因为，当一个人不高兴的时候，首先伤害的是自己。当别人高兴时，你也高兴，别人不高兴，你也跟着不高兴，这最多是一种本能；而别人不高兴时，你的心绪不受影响则是一种能力；能把不高兴的人变成高兴的人，才是本事。

我们在什么时候最容易长本事、长智慧

对许多人来说，所谓"不好的人"，就是给我们的生活、工作、学习和关系带来障碍和麻烦的人。实际上，我们自己有很多时候也是别人命运中的坏人，不好的人，而我们认为的坏人和不好的人也许是别人生命中的爱人、好人、朋友、亲人、救命恩人、甚至榜样。

其实，仔细想想，谁不曾给别人带来伤痛，又有谁不曾被伤痛？**我们在什么时候最容易长本事、长智慧？是在我们遇到麻烦和挑战的时候。所以那些"不好"的人——给我们制造麻烦和障碍，折磨我们，让我们痛苦的人，其实是在帮助我们成长，所以我们要有感恩的心态。我们能轻易对付的人，不会锻炼我们的能力，唯有挑战我们的人，才能够逼出我们的智慧和能力。**

记得在博士毕业前，我用了3年的心血苦苦拼搏联系出国，好不容易终于有一所大学同意收我做博士后。在我做好一切准备，拿到学位和毕业证，正准备飞向大洋彼岸时，对方突然来信改了主意，因为有一位老师的推荐信出了问题。这位老师对我一毕业就打算出国的事情耿耿于怀，于是写了差评。对当时没有做任何准备在国内工作的我来说，这真是当头一棒，理想破灭。不仅出国不成，而且连工作都没有了。

我当时心里对这位老师自然有怨恨，毁了我的计划，阻碍了我的发展，耽误了我的前程，影响了我的未来。但我相信，改变处境的是行动，而不是沉浸于难过的情绪之中。

于是我下定决心，宁可没有工作，也要全力以赴继续联系出国，结果毕业后不到 3 个月，就接到了美国得州医学中心贝勒医学院卡伦眼科研究所的博士后邀请函，而且导师是国际眼科研究学会的副主席，工资是之前那个大学给的两倍。

没有之前那位老师的阻碍，我不会遇到我后来的博士后导师。他的人品、学养，以及在学术界的影响，对我后来在美国的发展和成长具有深远的积极影响。最为关键的是，在他的支持、爱护和鼓励中，我度过了初到美国四年非常愉快和美好的时光。

随着年纪和经验的积累，回顾在当时所发生的一切，看起来不好的事情，遇到的"不好"的人，都变成了上天派来的贵人，在我没有足够的智慧安排计划自己的生命历程时，帮助我成就更丰满的人生，原来一切都是最好的安排。

如果能把生活中遇到的所有变化，人生中遇到的所有意外都当作自己的资源，如果我们能把碰到的所有不好的人，都当作是我们化了妆的贵人，上天借他们之手来成就我们，提升我们的智慧和能力，你又会有怎样的心境？

海蓝博士，中国抗挫力训练总设计师、"不完美，才美"系列畅销书作者。

Chapter *2*

做一个会折腾的人

闲着是没法快乐的

福流理论告诉我们，现实的幸福不是不折腾，而是有方法、有巧力、有乐趣地折腾。必须达到心理能量上的"黄金分割点"：不折腾，闲得慌，空虚无聊；太折腾，累得慌，即便达到完美也难以抵消心理的倦怠和疲乏。唯有在福流中，能量投入回报率是最高、最省力的。

每当看到某些"教人幸福"的书籍或网站上展示着一张张灿烂无限的笑脸时，我的心中都会蹦出俩字：太假。如果我们孜孜以求的幸福就是开怀大笑，那人生注定是个悲剧——除了傻子，谁能做到一直开怀大笑呢？再说，事事开心、样样顺遂的生活，不无聊么？

如果你赞同我，那么问题来了，现实的幸福究竟是个什么样子？有没有一种幸福，不是像巴比伦花园一样悬在空中，而是可以扎根生活的土壤开花结果？

答案是肯定的。

在积极心理学中，关于幸福基本上存在两种论调：享乐论

（Hedonic）和现实论（Eudimonia）。享乐论的幸福就像是那张"展示幸福"的笑脸，关乎愉悦和满足感；而现实论的幸福则未必是笑容洋溢，它侧重于意义、成长和自我实现。如果说享乐论的幸福属于那些天生爱笑的外向者，或是某些得到奖赏的短暂瞬间，那么现实论的幸福则属于每一个人的每时每刻。

有一个理论，可以说是现实论幸福的典范，它的名字叫作"福流"。

福流（Flow，曾译为"心流"，后由彭凯平教授正名为"福流"）是积极心理学开创者之一米哈伊·契克森米哈伊（Mihaly Csikszentmihalyi），在20世纪70年代提出的一个幸福概念，它指的是人们在行动或创造时，那种全神贯注、乐在其中的心理现象。自1990年，关于福流的第一部专著出版以来，这个话题已得到全世界的追捧和热议。四年前，我开始跟随米哈伊教授学习福流，并有机会对它做深入的研究和思考。许多人觉得这是个高深莫测的学术概念，可我倒觉得它非常接地气，为我们在俗世中寻找幸福，指引了道路。这条道路简单来说就是两个词——折腾和乐趣。

幸福在于折腾

生命不息，折腾不止。回顾人生历程，你不可否认，开怀大笑、安逸闲适的时光终究短暂，大部分时候，我们不是在折腾，就是在去折腾的路上。

上学、工作、成家立业、养儿育女、柴米油盐、生老病死……没有一样不折腾。不仅如此,你还要抵挡生活中各种内忧外患的威胁和折磨。内有来自身心的欲望和需求,外有来自文化、社会的制约及自然环境的灾难,教人始终不得解放,随时可能陷入混乱。

似乎唯有安住在福流中,才是自在清明的,但福流中的人看起来同样是折腾不歇。他可能会持续从事某项活动,开创某个事业,不分昼夜废寝忘食去应对级别不断升高的挑战。而且,福流只会出现在一条狭窄的"通道"里(如图1),挑战的难度须刚好是技能所能及的,明确的目标与即时反馈也不能少,必须调用所有意识向挑战进发。一旦微妙的平衡被打破,你就被排除在福流"通道"之外,陷入其他低效的状况里,要么百无聊赖,要么焦虑惶恐。

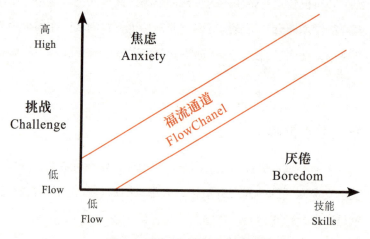

图 1　经典福流模型——福流通道

在折腾中"见猎心喜"

既然如此，福流之中，幸福究竟在哪里？

"子非鱼，焉知鱼之乐？"在福流里折腾的"弄潮儿"自己看来，折腾是一种无与伦比的乐趣。正因为挑战与技能相匹配，会产生一种"见猎心喜"的冲动，明确的目标与即时的反馈，让一切尽在掌握，高度的专注与娴熟的技能，使行动酣畅自如。在持续进行的行动中，他们获得巨大的乐趣，以至于浑然忘我，不知身在何处，不知今夕何夕，更不知饥饿乏困。

这挑战的乐趣和物我两忘的境界，已然是最大的回报，别无他求，偏偏还收获了一系列有益的副产品——技能提升，成效卓越，信心爆棚，满心欢喜。

这就是福流的幸福，不是愉悦，而是乐趣。米哈伊在他的书中特别区分了愉悦和乐趣的差异：**愉悦是被动地接受外界提供的感官享受，比如看电影、吃美食，而乐趣必定是主动出击的结果。任何有乐趣的事都少不了折腾——挑战、学习、成长。**

换言之，待着、闲着是没法获得乐趣的。

这在孩子身上体现得最为明显。就像是羽翼渐丰的幼鸟，向往在空中自由翱翔一样，尚在蹒跚学步的孩子，渴望能在地上无拘无束地奔跑。那股成长的力量势不可挡，哪怕东倒西歪，跌无数跟头都不在乎，依然兴冲冲地推开大人的手，继续尝试，屡败屡战。就在这跌跌撞撞的乐趣中，他终于学会了走路。然后，他又连忙投入到其他乐趣当中，比如试着把积木搭得越来越高，或是把皮球一遍又一遍地投向篮筐，每一次有乐趣的经历都是满满的福流，也预示着最快速的成长。**追求乐趣本就是人的天性，但现在许多成年人的价值观成了追求享清闲，其实是远离了人的天性，因此也很少能真正感受到幸福。**

寻找折腾和幸福的"最大公约数"

福流理论告诉我们，现实的幸福不是不折腾，而是有方法、有巧力、有乐趣地折腾。必须达到心理能量上的"黄金分割点"：不折腾，闲得慌，空虚无聊；太折腾，累得慌，即便达到完美也难以抵消心理的倦怠和疲乏。唯有在福流中，能量投入回报率是最高、最省力的。

研究发现，"福流中的人"焦虑水平适中，大脑前额皮质（主要消耗心理能量的部分）活跃度较低，因此付出的脑力也会相对较少；而同时，福流体验中高度集中和有序的意识带来效率最大化，由此达到事半功倍、四两拨千斤的效果（如图2）。这种驾轻就熟、高效使用能量的经验，自然给人带来巨大的获得感和幸福感。由此可见，福流这个西方心理学理论，其实折射出我们东方传统道家的学说"无为而为"的大智慧。

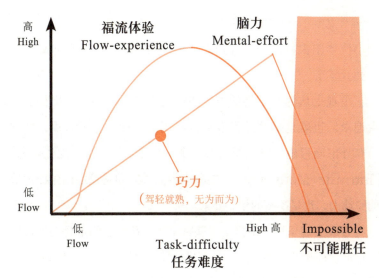

图 2　福流、脑力与任务难度之间的关系模型

如此现实、省力、高效且有获得感的幸福，究竟如何才能达到呢？我在网上看过不少这方面的讨论，基本上围绕福流产生的条件和特点，"术"大于"道"。

其实，要实现福流之"道"，依我看还是要去把握"折腾"和"乐趣"这两件事——去寻找两者的"最大公约数"，说得通俗点，第一，折腾有乐趣的事；第二，把折腾变成乐趣。

折腾有乐趣的事

首先，你要去发现什么事情对自己而言是有乐趣的。这里的"乐趣"可以是主观的，也可以是客观的。

主观上的乐趣因人而异。比如，有人可以在图书馆查一整天学术文献，看得津津有味，有人却一分钟也看不下去。有人和小伙伴出去打篮球，打到天黑忘记回家吃饭，而有人却打十分钟就腻了。

主观上认为有乐趣的事，必定关乎各人的热情、优势和人生追求。也就是那些让你发自内心渴望去做，非常看重，即便没有外部回报也心甘情愿去做的事，心理学称之为"内在动力"（Intrinsic Motivation）。这种由内而外的力量是活出生命价值的原动力，也是福流的核心要素。

客观上的乐趣，来自于一些特定的活动。它们本身的设计就非常符合福流的结构特点：具有挑战性，有提升空间，规则明确，反馈及时，因此任何人都比较容易从中找到乐趣。最典型的例子就是游戏。

我小时候玩的第一个电子游戏是俄罗斯方块，这个永远不会赢的简单小游戏，却有着无穷的魅力，让人想要不断突破自己反应速度的极限，冲过一关又一关。

理论上来讲，所有的游戏、竞技类活动、体育运动、文化艺术活动都具有这样的福流特征，比如打麻将、跳广场舞、冲浪、过年包饺子等等。生活中吸引人的事物，也都是依照福流活动的结构特点设计出来的，比如，让人欲罢不能的朋友圈和购物网店，以及让人爱上运动的计步手环。

提醒，除非你的人生目标与这些客观上有乐趣的活动高度一致，比如为了成为网游世界冠军，而废寝忘食地打网游。否则，当你用大量时间做这些事，以至于忽略了其他更重要的目标时，走出福流，感到的不是成就和满足，而是空虚和自责，那样就一点乐趣都没有了。

把折腾变成乐趣

福流之道的更高境界，是把折腾变成乐趣。不依赖事情本身的吸引力，而是更多地调动主动性，在艰难、枯燥、痛苦、甚至丧失的时候，依然能够创造福流。

我曾观察过两名在不同医院工作的清洁工阿姨。一个每天例行公事，工作时偷偷在楼道里抽烟，时常与其他清洁工发生口角——为谁多洗了一次拖把、谁早走了两分钟这样的小事。

而另一位阿姨却很不一样，每天早上，她会热情地走进病房，拉开窗帘，向每一位病人问好，并主动给她们打开水。干活时麻利且自信，休息时陪病人聊天，关心他们的病情，甚至去做些分外的事，比如，帮病人打饭，给病人家属带路等。两个阿姨职业相同，都是枯燥而卑微的工作，后者却令许多工作体面的人肃然起敬。她的福流体验令人羡慕。为什么会这样呢？因为她从自己平凡的工作中找到了乐趣，这种乐趣来自于与病人的连接。

人的一生有将近三分之一的时间，都在工作中度过。然而不是每个人都那么幸运，能以自己爱好的事情为专业和职业，但是这位清洁工阿姨的事例告诉我们，我们完全有可能"干一行，爱一行"。

根据积极组织行为学中"工作重塑"（Job Crafting）方法，

我们可以发挥自主性，让自己的工作内容、方式以及活动都按照福流的规则来进行重新设计，使之更具乐趣和吸引力。许多人会抱怨工作枯燥、无聊，每天从上班开始就在等着盼着下班，不知要浪费多少时光和生命。从折腾到乐趣，也许只需一些主动的、小小的改变。

福流不仅属于那些原本就有乐趣可寻的人，它属于每一个人，甚至包括遭受最深苦难的人。即使大部分自由被剥夺，他们依然有机会选择，去看到更好的可能性，从而创造出意义感和意识的秩序，在痛苦之中尝到乐趣的滋味。

维也纳精神医学家维克多·弗兰克尔，曾在纳粹集中营中度过漫长的牢狱生涯，目睹许多狱友在绝望和混乱中自杀，但他却在那样惨绝人寰的环境中，依然保有幽默感，并帮助自己及身边的人找到活下去的意义。当他走出集中营之后，写下了著名的《追寻生命的意义》一书，并开创了"意义治疗法"。他在集中营里的日子，很难说是幸福的，但或许那已经是他在当时所能选择的最理想、最有质量、最有福流的度过方式。

别闲着，尽管去折腾

可以说，福流打破了"苦尽甘来、乐极生悲"的怪圈，让过程和结果都可以是甜的，是乐的。它不仅仅让人在幸福中主动创造，而且让人在空虚时不无聊，在艰难时不苦闷，在失去时不绝望。

现在你应该懂得，在幸福的表情包里，绝不是只有阳光下灿烂的笑脸，还应有浑然忘我的专注，志在必得的笃定，激流勇进的乐趣，大功告成的甜畅。漫漫人生路，真正衡量我们生命质量的，不是笑容的弧度，而是专注的深度；不是财富的多寡，而是我们如何度过生命的整个历程——是在浑浑噩噩、焦虑不安之中，还是在满满的福流之中？

而我们的福流如何实现呢？别闲着，尽管去折腾。但是也别忘了问问自己：我体验到其中的乐趣了吗？如果没有，就去把乐趣找回来吧！

想拥有一棵开花的树，如果不知运用自然之力，就算费尽心机，装点枝叶和花朵，也只能制作一棵逼真的死树。如果懂得运用自然之力，只需轻松地播下一颗种子，便可繁花似锦，枝叶葱茏。创造繁盛的人生亦是如此。福流就是一枚深埋在现实挑战中的幸福种子，若你给予合适的阳光雨露，它就会生根发芽，开花结果。

Helen Yan，壹心理专栏作者，心理学硕士，英语硕士，积极心理学者、辅导师，目前在美国加州克莱蒙特研究大学(Claremont Graduate University)攻读心理学博士学位。师从积极心理学开创者之一、福流之父契克森米哈教授。个人公众号：HQuest幸福知道。

你的最大问题是：
你还不知道自己有多优秀

也许成长就是发现自己是个怪物，

然后心安理得地接受，最后甚至还为之嘚瑟的过程。

—— Helen Yan

如果你想成功，发现自己的优势吧

德国有一部无对白动画短片——《斑马》（Zebra）。说的是一匹原本无忧无虑的斑马，周身长满斑马应有的花纹。直到有一天，它撞在一棵树上，一切都变了—— 它的花纹变得"乱七八糟"，无论怎样拼命地跑、跳、打滚，都无法恢复原状。正当斑马为此沮丧、抓狂时，却发现周围静观的同伴们，都为它变幻无穷的花纹而欢呼喝彩。这是一次崭新的发现，"马生"从此不同……

我非常喜欢这部小短片，它反映出一个普遍的问题：**某种程**

度上，每个活在自卑中的人，都是这匹斑马，为自己是个"怪物"而悲伤，拼命想甩掉自己的怪异，却无能为力。但其实，正如短片中花纹斑斓的斑马，亲爱的，你只是还不知道自己有多棒！

我遇到许多来访者，都有这样一种倾向：自我认知向负面极度扭曲，无法真实客观地评价自己，尤其是自己好的一面。这是导致他们焦虑和抑郁的最大因素。

他们对自己身上的毛病如数家珍，义无反顾地与之死磕到底，却对自身特有的美好品质漠然置之，视而不见。

我记得有一位大学生来访者，从头到尾，都在说自己的不好："我性格内向、敏感，不善交际，长得太胖，没有男生追，成绩总是不如别人，我最大的问题就是过分追求完美……"

可是你不知道，她把自己的问题画成了一幅精致、详细的思维导图。说实话，当我看到这那幅图的时候真是自愧不如！

我对她说："从你刚才的表述来看，我不觉得你有任何交际上的障碍。而且你是一个思维导图高手，具有很强的分析归纳能力。"在我的鼓励式追问下，她开始告诉我，她19岁（这么年轻就愁嫁吗），体重55公斤（这并不算胖啊）；半年前，因病耽误了学习，即便如此，最近一次考试，成绩在全班60名学生中排名第四（成绩不如人，你在开玩笑吗）……

我对她说："在我看来，你的问题是，你还不知道自己有多优秀！"她听后很惊讶，也释然了很多。

她的案例绝非个别，事实上，这种低估自身优势的倾向，在世界范围内都普遍存在。美国盖洛普公司（Gallup）可谓是优势研究及应用的领导者，他们的一项跨文化调查显示，世界各国的人们，在日常工作中，使用自身优势的机会总体都比较少，至多仅有三分之一。

　　而在另一项民意调查中，有 65% 的美国人称，自己在过去一年里的良好工作表现，没有得到认可。正是由于缺乏应有的表扬，无法从外界获得有关自己优势的反馈，许多人迄今尚未发展出相应的语汇，来描述自己的优势，也没有充分地理解自己的强项究竟在哪里。

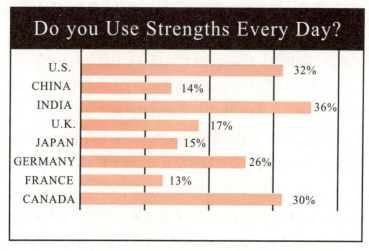

图 3　盖洛普公司关于各国员工日常优势使用概率的研究

　　扪心自问，我们对自身真实存在的优势，究竟了解多少呢？

　　现在不妨拿出纸笔来，将纸片分成两栏，在其中一栏中列出你的缺点或劣势，而在另一栏中列出你的优点或优势。你大可以对自己坦诚，不必感觉没面子或害臊，因为你不需要把这张纸给其他任何人看。写完后，请比较一下，在同等时间内，你列出的劣势多还是优势多？写下自己的优势时，你感到困难吗？

如果你列出的优势太少，或者罗列优势使你感到非常困难，那么请立即在优势下面添加一条：谦虚！接下来，我将带领你，一步步地把优势这栏变得更长。

积极心理学的研究，已经向世人传达出一个重要信息：如果你想幸福，发现优势吧！如果你想成功，发现优势吧！如果你想自信，发现优势吧！ 总之，与弥补劣势相比，专注于优势，会更有助益，达到事半功倍的效果。

做自己的"优势侦探"

首先，你需要增加自己关于优势的词汇量，这样才能拿自己的特点去对号入座。在此，我主要推荐两个来自积极心理学的工具，分别是"VIA（行动价值）性格力量与美德"分类和盖洛普"优势识别器 2.0"。

VIA 项目从世界各地的文化中，总结出 24 个普世价值的人类性格优势，并将其进一步分为六种核心美德，分别是：智慧、节制、公正、勇气、人道和超越（具体名称如下图）。这些优势都是可测量、可培养、有积极价值的，而且每个人的身上，都会有一些优势占主导。你可以试着找出五个最能代表自己的优势，并为每一项优势给出具体的实例。

图 4　VIA 的 24 个性格优势与美德

此外，你还可以参与英文版 240 题 VIA 测试，网址如下：www.authentichappiness.org。

或参与清华大学积极心理学研究中心提供的中文缩减版 VIA 测试，网址如下：http://120.55.167.162/PPWeChatNew/WXPortal/VirtueList.aspx?QuesNaireId=2。

提交之后，你会得到一份反馈报告，呈现出你的五大优势。

另一个发现优势的工具，是美国盖洛普公司的"优势识别器 2.0"。

尽管它是专为提升员工领导力而研发的，但我认为，它对

任何想了解和培养自身优势的人，都会有所帮助。该项目总结出
34 项领导力优势，归属于四大类别，分别是：执行、影响、建
立关系和战略思维（见表 1）。

成就	行动	适应	分析
统筹	统率	伯乐	回顾
信仰	沟通	关联	前瞻
一致	竞争	体谅	理念
审慎	完美	和谐	搜集
纪律	自信	包容	思维
专注	追求	个别	学习
责任	取悦	积极	战略
排难		交往	

表 1　盖洛普的 34 个领导力优势

如果想进一步了解这些优势当中，哪些是你的专属，可
以阅读汤姆·拉思(Tom Rath)所著《盖洛普优势识别器 2.0》
（*Strength-Based Leadership*），书中附带测试链接和测试码，
完成测试后，系统会提供一份报告，详细介绍你的五大优势，以
及如何发挥它们，并基于此组建一个强大的团队。

以上推荐的两个测试，我都亲自做过，自觉非常受用，很大
程度上，帮助我拓宽和加深了对自己的认识。

比如，我的 VIA 五大优势分别是：爱、洞察力、好学、活
力和善良；而我的盖洛普五大优势分别为：理念、思维、前瞻、

战略和交往，其中前四项都属于战略思维一类。

如果不是做了这些测试，我根本不会如此清晰地认识到，这些是我的优势，并且能够说出它们的名字，时常去运用它们。这种发现所带来的成长和喜悦是无与伦比的。

当然，测试工具只是通过一些理论，帮助你简单快捷地找到自身的一部分优势。如果你想发现更多，则需要积极主动地留意生活，发挥创造力和探索精神。在此，我为大家推荐一些方法和技巧。

首先，你可以按照"过去—现在—将来"的次序，对自己的经历和愿望依次进行扫描，从中发现你擅长的方面。

比如，回顾过去，翻看从小到大的简历、成绩单、获奖记录，你曾在哪些方面有过良好的表现？留意当下的生活，你在哪些事情上更为专注和投入？展望未来，你最期待的事情有哪些？请特别注意那些让你感到格外兴奋和自豪的事情，往往其中暗藏着你想要的答案。

此外，你还可以从他人那里得到某些启发和线索。比如，你曾帮助过哪些人，并得到过他们的感谢？你身边的人都曾夸赞过你的哪些品质？找几个信任的家人或朋友，让他们告诉你他们都欣赏你哪些地方，你一定会为此感到惊讶。

现在，相信你的优势清单已经变长了许多，我建议你在接下来的一周里，当一个"优势侦探"，随身携带这份清单，随时发现并记录下更多你的优势。然后，你的任务就是时时提醒自己，每天都以一些新鲜的方式来使用它们，发挥出你独特的力量和价值。同时，你还可以用你的一双"慧眼"，去帮助更多的人，找寻他们身上独有的优势。请不要吝惜你的赞美之辞，他们将非常感谢你。

最后，我想提醒你，请适度运用你的优势。

你已经有了锤子，可千万别把所有东西都当成钉子。任何优势的使用都需要分时间和场合，否则弄巧成拙。还记得文章开头提到的那只斑马吗？**把劣势用对地方，也可能会化腐朽为神奇！**

Helen Yan，壹心理专栏作者，心理学硕士，英语硕士，积极心理学者、辅导师，目前在美国加州克莱蒙特研究大学 (Claremont Graduate University) 攻读心理学博士学位。师从积极心理学开创者之一、福流之父契克森米哈教授。个人公众号：HQuest 幸福知道。

最重要的事，只有一件

完成最重要的事，就像推倒第一块多米诺骨牌，接着，剩下的问题都会迎刃而解。虽然每块骨牌很小，但每块骨牌能推动比它大一倍的骨牌。一旦传递下去，只要碰一块小骨牌，整个多米诺骨牌都会被推动。

只有下定决心：专注于最重要的那件事，我们才有可能真正推倒最重要的那块多米诺骨牌，直到养成习惯：只做一件事。

世界很大，有很多事要做，但最重要的事情，只有一件。

最近我读了一本好书，叫《最重要的事只有一件》，见人就送。这本书最好的一点，就是用简单的图表，把一些问题讲清楚，跟我的理念差不多。书里有很多总结，非常不错。

我把几个比较精华的要点找出来。

书里说，完成最重要的事，就像推倒第一块多米诺骨牌，接着，剩下的问题都会迎刃而解。虽然每块骨牌很小，但每块骨牌能推动比它大一倍的骨牌。一旦传递下去，只要碰一块小骨牌，整个多米诺骨牌都会被推动。

你撬动这个世界，只需要一块很小的骨牌。这是整本书的理论基础。

很多事情的改变，都是一件一件去完成的。这些大道理，大家听过很多，但我觉得找到一个关键点去撬动，就跟"给你一个支点撬动地球"一样更重要。

关键在于：怎么才能找到那个支点？那件最重要的事到底是什么？

80% 的结果，得益于 20% 的付出

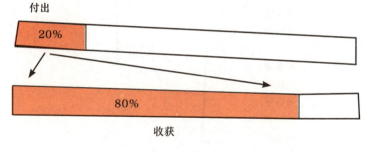

图 5

这里有一幅图，显示付出 20%，却收获了 80% 的回报。其重点在于分配不公。实际上，80/20 的比例会有调整，有时候，它可能是 90/20，有时候是 70/10，又或者 65/5。总之，都不重要。

重要的是，你的每一分钟付出，得出的结果是不同的。如果相同，就解释不了白手起家这件事。也解释不了，为什么大家同

样揣着几百块来北京，都在辛苦努力，最后却走向了不一样的生活轨道。

对于我们来说，最难的事情不是付出，而是找出那 20%，然后主动去付出，这才是重要的事情。

砍掉 90% "可以做但不应该做" 的事情

再看这幅图。我们会把很多 "可以做" "应该做" 的事情都列出来。

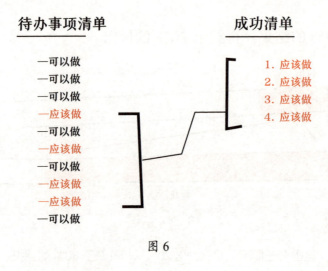

图 6

它就变成了成功清单。

生活当中穿插着很多摆在你面前的事，还有非常值得去做的事。你只要花几分钟认真思考一下，就与你瞎忙着处理一些事情的结果，完全不一样。

就个人而言，思考的核心在于：**在时间成本一样的情况下，你怎么去反思自己做错的事情？怎么在这个方面跟自己较劲，怎么把你做的所有事情，砍掉一半你认为并不重要的？最极致的，就是砍掉90%"可以做但不应该做"的事。**

其实就是化繁为简，把一件最重要的事情，做到了。这个思维模式非常关键，非常重要。

把 80/20 原则不断贯彻

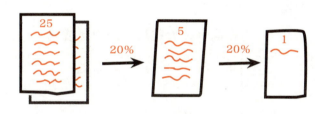

图 7

再看这幅图。你要把 80/20 原则不断贯彻，就是从所有迹象中找出你的 20%，然后再从这 20% 里找出 20%。找出关键中的关键，直到找出那件最重要的事情。这是一个很重要的思维模式。

你都可以将其精减至一项，别半途而废。

你要不停地这样想。

在你面前，刚开始所有事情都是一样的。核心就是两点：缩减和极致。就是不断简化，简化，再简化。大力奉行简化原则。

我自己养成了一个习惯，只要有一个人跟我讲很多件事的时候，我都不用听，你先告诉我，最重要的事情是什么。

有一次，一个美国同事约我在咖啡厅汇报工作，他拿了很厚一堆的PPT，我连翻的兴趣都没有。我本能知道，没有一个人有能力把一个蜘蛛网似的东西搞清楚，那是不可能的。

我培养的思维模式就是，看到东西本能会问，简单一些是什么，再简单一些是什么。不断逼问自己。

想法好，收获就好；想法差，收获就差

想法有多重要？同样的行动，想法好，你的收获就大；想法差，你的收获就小。

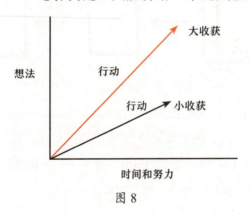

图 8

以前，我们不断进行各种论证，还不如这幅图来得简洁。同样的行动，一样的行动时间，一样的努力，你的想法好了，斜率就大，想法差了，斜率就小。

辛苦不值得被炫耀。的确是这样。如果你的想法不好，就只

能这样了。那有没有负面的结果？我相信一定有。

比如，每天很努力，最后一无所获的人，就会陷入一种状态：我这么努力，社会特别不公平，旁边人很差。

这个问题再细化一下，其实就是做什么，怎么做，跟谁做。简化出来，就是这么几件事。当你把这个想法理顺之后，你会发现，你的收获就会比别人好。

关键问题，就是大局和焦点的结合

当我看到这幅图的时候，心想，不就是我说的战略三部曲吗？大局就是预测，看大方向。焦点就是破局点，找那个关键点。只做这件事，就是 Allin。

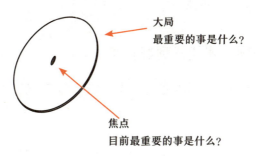

大局
最重要的事是什么？

焦点
目前最重要的事是什么？

图 9

我想，路径基本都一样，只是大家表述方式不同。关键问题就是大局和当前焦点的结合。

大局是什么？大局就是互联网进入下半场，流量红利结束，人口红利结束，移动互联网红利结束。焦点是什么？焦点就是广度做完，做深度。

回顾紫牛基金发展历程，我当时预见的事都发生了。我邀请张泉灵加入，核心不是因为人家有名，而是当时我就意识到：纯粹互联网的竞争结束了，互联网和传统行业的结合开始了，一定要找两个行业之间的结合点。

紫牛最挣钱的一笔投资就是年糕妈妈。这个项目结合了互联网和传统母婴市场。当时的判断，就是看到了罗辑思维的成长，看到了内容转电商这个大规律的出现。所以，第一步，泉灵去找了一遍公众号，最后投了年糕妈妈。去年三月份，它还只是一个人写公众号，今年"双十一"，交易额就破 8000 万了。

所以，大局和焦点都是一样的，这就是一种思考模式。

有一个词叫迎刃而解，你能找到那个"刃"吗？找到这个关键的"刃"之后，其他所有问题就都解决了。

提出好问题，才能找到好答案

提出好问题，是非常难的。从这个图，你可以了解一个好问题的重要性。

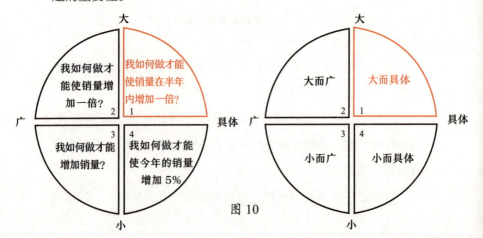

图 10

我们通常思考一个问题，总是想如何能做好？如何才能在今年做好？如何能做到 10% 的增长，然后再想，为什么不能做20%？能不能再做到 50%？

这样的思考，要么问题不够大，要么不够具体。一定要想到一个大而具体的目标。想法不够大，不行。

我曾经碰到一个技术很牛的创业者，我说，你不懂产品，他说，我活下去就行。我告诉他：技术一定会贬值。技术贬值不是因为你不钻研技术，而是你掌握的技术不能变成独门利器。

我想说的核心是，活下去，这个目标太小。如果你找不到一个腾挪点，你永远都在苦战。因为你刚做完这个，发现又被冲击了。那，原有业务要不要维护？如果不维护，钱从哪儿来？然后，你抽两个人去找新机会。等于你拿 20% 的精力去侦察。那大公司呢？它也拿出 20% 的精力，你怎么办？

我们必须找到问题的本质。就是大而具体。一定要大，而且具体。

我们每天都觉得，要做最重要的事情，但花在上面的时间，实在太少了。坚持做最重要的事，哪怕坚持一天，也不容易。

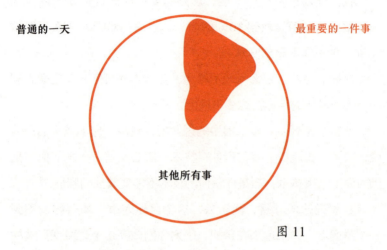

普通的一天

最重要的一件事

其他所有事

图 11

其他不重要的事主宰了你的生活!

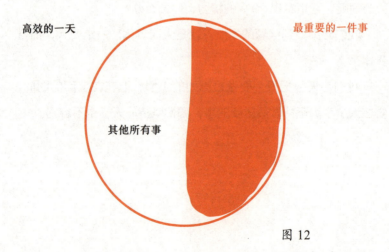

高效的一天

最重要的一件事

其他所有事

图 12

比如，每周拷问自己一次，每周花一天时间，去做这样的深度思考，每周集中做好一件事，一周只解决一个问题。

只有下定决心：专注于最重要的那件事，我们才有可能真正推倒最重要的那块多米诺骨牌，直到养成习惯：只做一件事。

最后，我再推荐一下这本书，大家慢慢看。也许很忙，但一定不要认为，这不就是鱼片加米饭吗，怎么还有寿司之神？

然而，鱼片加米饭，就会产生不一样的口感和一种新的食物品类。

傅盛，猎豹移动联合创始人兼 CEO。

高情商者的15项修炼

　　情商高的人有长久的内心推动力。他们不去想最后的结果究竟如何，而是享受整个过程。因为，个人的成长并不是源于成功的那一刻，而是源于为成功奋斗的整个过程。

喜欢钻研他人说话行事的动机

　　情商高的人对人类的各项行为非常着迷。会注意到其他人的肢体语言、方言甚至是脸部微妙的抽搐。因为喜欢观察别人，所以也就能明白每个人的独特之处。

言出必行

　　情商高的人言出必行。作为热情的领导者，他们不是站在背后发号施令，而是走在前面做出表率。

清楚自己的优势和短板

情商高的知道，自己最大的缺陷不能说明你弱势的一面，而最大的优势则可以显示出自己强势的一面。所以，他们会充分发挥自己最大的优势来弥补自身的不足。

能够平静地面对过去

情商高的人根本没有时间去后悔。他们放下过去，不畏将来，着眼当前。因为他们知道，只有这样才能进步。

对未来充满信心

情商高的人，并不会因为未来难以预料而心神不宁。他们的生活很快乐，不需要什么水晶球预测未来。因为对他们来说，生命应当是一次刺激的冒险之旅，而非预先安排的常规生活。

能够活在当下，体会当前的每一刻

情商高的人不会简单地"度过"每一天。相反，他们会积极体验每一天每一刻的细腻与微妙。

是一个成熟主动聆听

情商高的人知道，"听到"和"聆听"是两个截然不同的概念。他们会用提问题的形式，重复别人说过的话，确保自己没有遗漏任何信息。

知道自己为什么不高兴

情商高的人，不会让自己的消极情绪影响自己。他们会主动寻找自己不开心的原因，最重要的是，他们会想办法让自己开心起来。

能自如地和朋友以及陌生人交谈

情商高的人从不会不喜欢陌生人。他们不在乎陌生人的年龄、种族、宗教、性别、性取向或者政治立场。因为他们知道，我们都是一样的人，所以对待每个人都一样。

在生活和工作上都严守道德标准

无论是在工作还是生活上，情商高的人都会遵循道德标准。他们每一个人的价值观可能会有所不同，但是都会用高标准来要求自己。

非常热心助人

情商高的人认为助人不需要理由。他们会帮老太太拎食品袋，会在晚餐后帮朋友或另一半洗碗；如果他先进门，无论后面是女士还是男士，他都会为他们把住门。

能像读一本书一样去了解一个人

　　情商高的人会关注一个人的手势、表情和肢体语言。他们知道，不能仅仅依靠一个人的言语来认识他，因为一个人说的话通常不能变现为他的全部。

坚定地追求自己的目标

　　不论要花费多长的时间，情商高的人都会为成功不断努力。他们愿意面对问题，解决问题。因为，只要不放弃，成功终会如约而至。

拥有强大的内心驱动力

　　情商高的人有长久的内心推动力。他们不去想最后的结果究竟如何，而是享受整个过程。因为，个人的成长并不是源于成功的那一刻，而是源于为成功奋斗的整个过程。

在必要的时候敢于说不

　　情商高的人知道，即使是面对好东西，也要把握适度的原则。他们知道自己不可能做所有事情，所以会优先处理最重要的事。

　　作　者：Daniel Wallen，　原　文：15 Signs That You Are Emotionally Intelligent，来源：lifehack.org。

让你获益终生的五个思维习惯

真正让人与人区分开来，拉大差距的，往往不是那些可遇不可求的外力或奇迹，而是取决于你用什么样的角度看待、分析和解决问题。

真正让人与人区分开来，拉大差距的，往往不是那些可遇不可求的外力或奇迹，而是取决于你用什么样的角度看待、分析和解决问题。

有句话说得真没错：思维决定行动，行动决定习惯，习惯决定性格，性格决定命运。

最近，一位读者朋友发来简信问我："韩大爷，你说是什么让某些人与我们平凡人不同，让他们更加出色？"

我答道：是思维方式。

接着他又问："那又是什么，让我们与他们之间的不同越发明显，差距越来越大？

我想了想：是习惯。

下面，我与大家分享几个能让我们获益终生的思维习惯。

千万不要对任何事物抱有成见

记得在读大学本科时，我学的专业是新闻传播。当时有一位理论功底深厚，拥有多年实战经验的老师对我们说：

如果有哪句话值得送给大家，并能对大家产生长久影响的话，我希望大家能在日后的学习、生活与工作中，时时刻刻提醒自己：千万不要对任何事物抱有成见。这里的成见，指的是现成的看法与既有的观念。

当我第一次听到这句话时，觉得稀松平常，并没多大体会。但在那之后，很长一段时间的实践经历与生活体验中，我渐渐明白了这句话的价值与分量。

我们生活在大圈套小圈的多层文化环境中，很容易在脑海中对某些事物或人形成一种概括固定的看法，并把这一看法推而广之，而忽视掉个体差异，这在传播学领域被称为"刻板印象"。

这种标签化的思维习惯，有时能帮助我们更加方便快捷地认知与判断，但它更多时候，成为了一种思维枷锁，凝固成我们前行道路上的藩篱与阻碍。

比如，我们常会先验化地认为：男人有钱就变坏，女人穿得清凉些就是作风不良，长得丑的人都比较靠谱，学历低的人都比较肤浅，等等。

然而，这些观念很多时候是别人灌输给我们的，更多的时候，仅仅是我们的自以为是。当我们抛却成见，客观冷静地进行一番观察与分析，事实往往会给出一个截然相反的答案。

刻板成见是个害人不浅的东西，不仅让你变得偏执而封闭，目光短浅，更会殃及你思维的独立性，影响你与他人良性关系的建立。如果有哪种思维习惯，是一个人最先需要确立的，我想，客观冷静的分析意识，当仁不让。

没有什么问题是不能沟通的，
没有什么矛盾是不能解决的

曾经在知乎上看到一条热门提问：在情商高的人眼中，这个世界是怎样的？

有这样一条回答简短而深刻：没有什么问题是不能沟通的，没有什么矛盾是不能解决的。

面对困难，人首先想到的是情绪宣泄与逃避，这是人类的本性，然而一个人能走多远，取得多大成就，基本上就是看你能在多大程度上，克服各种"人之常情"。

有这样一个小故事：一个小男孩在搬石头，父亲在旁边鼓励孩子，只要你全力以赴，一定搬得起来。最终孩子未能搬起来，他告诉父亲：我已经拼尽全力了。父亲答：你并没有拼尽全力，因为我在你身边，你都没有请求我帮忙。

这个故事告诉我们，所谓迎难而上解决问题，态度上要乐于沟通，手段上要穷尽一切可能。

很多时候，看似山穷水尽，但只要多往前探一步，多问一句话，多做一些事，一切还会大有不同。

所以说，你如果想要使人生获得质的改变，就要从此刻起，为自己确立一种积极的问题解决意识，告诉自己不要犹豫，不要拖延，勤于沟通，立刻行动。

嘴勤的穷人能问出金马驹，腿勤的匹夫能跑出三千里。

想成为什么样的人，
不妨先去模仿那样的人

是什么原因导致富人越富，穷人越穷？是手里掌握资源的多少，还是他们受教育水平的高低？我承认这都是一些现实因素。然而，真正让穷人与富人拉开差距的，是看待事物和分析问题的思维角度。

富人与穷人看待问题有什么差别呢？

穷人，或者说普通人，是手里有多少资源，才敢做多大的事情。

富人，是脑子里先想到要做一件什么事情，目标定下之后，才开始考虑怎样筹措资源。

富人思维把"目标"和"资源"之间的逻辑关系倒转过来，使得他们不会被一些看似无法逾越的门槛限制。因为有这种思维，所以没有什么拦得住他们做一件事：没人可以请，没钱可以借，不懂可以外包，限制可以规避，敌人可以和好，对手可以买通。

总而言之一句话：办法都是人想出来的。

而穷人在做事前，总会瞻前顾后，永远觉得自己的积累还不够，时机还不到，方法还需研究，经验仍要学习，什么东西都能成为拦住我们的理由，我们眼中的世界，到处是羁绊与红线。

生非异也，善假于物也。所以说，在你还没有成为所谓的成功人士之前，不妨去观察一下，他们是如何想事做事的，取法乎上得其中，取法乎中得其下，想成为什么样的人，不妨先去模仿那样的人。

SWOT 分析法

我们在分析问题与解决问题过程中，情绪化的东西往往占据主导。评判一件事该不该做，该怎么做时，也常常是感性打败理性。

如果我们多运用一些经济学方面的知识，来认识生活，多用一些价值导向思维，来评判是非对错，长久坚持下来，一切都会变得井井有条，效率也会高很多。

今天在这里为大家介绍一种分析问题的思维方法，叫SWOT 分析法。

所谓 SWOT 分析，就是将与研究对象密切相关的各种主要内部优势、劣势和外部的机会、威胁等，通过调查列举出来，并依照矩阵形式排列，然后用系统分析的思想，把各种因素相互匹配起来加以分析，从中得出一系列相应的结论，而结论通常带有一定的决策性。

运用这种方法，可以对研究对象所处的情景进行全面、系统、准确的研究，从而根据研究结果制定相应的发展战略、计划以及对策等。

S（Strengths）是优势

W（Weaknesses）是劣势

O（Opportunities）是机会

T（Threats）是威胁

如下图：

SWTO 矩阵分析

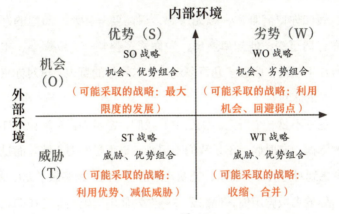

图 13

当我们将这种方法，运用到现实生活中面临抉择的时刻，就会收获一个更加理性与平衡的决策方案，这种方法，真的比抛硬币掷骰子一类靠谱得多。

看看自己手里有什么，
再想想对方那里缺什么

不得不承认，你我都生存在一个十分功利化的时代里。而这个时代最突出的特征与法则便是"交换"。这里的交换是个中性词语，并不等同于潜规则，它包含物质与精神两方面的互通有无。

所以说，从本质上来看，想让别人帮助你做某事，或是想通过你的努力，获得你想要得到的收益，就必须从根本上看待问题，搞清楚你所拥有的交换筹码与对方的现实所需。

我曾经写过一篇文章，叫《八条让你相见恨晚的硬道理》，第一条就是：看准对方的需求再努力。

假如你口渴难耐，忍无可忍，只需要一杯水。而你的好友对你感情至深，他起早贪黑，为你蒸了整整一大锅馒头，走了十万八千里路，磨破了九百多双鞋，送到你的身边，这对你来说是怎样的体验？

这并不是一个玩笑。生活中的我们，经常不自觉地犯这样愚蠢的错误。有时候，不是我们不用心，更不是努力不够，而是没有考虑到对方的真实需求，把劲儿用错了方向，最终做了无用功。

你的老板聘用你，他需要的是你为他创造出实实在在的利润收益，所以面试时，你大肆鼓吹你的学历、荣誉、人生感悟和职业规划，都不如切中要害地告诉他，你能为他的公司带来什么东西，更能博得他的青睐。

你的爱人选择你，证明你已经得到了她的认可，此时她最需要的，是你传达给她"我也同样甚至更爱你"的信息，所以你不断证明自己多优秀，别人如何比不上你，都不如你每天陪着她、呵护她，更能让她安心。

你的导师选你做他的研究生，他最看重的，是你的知识架构与他的研究方向是否有交集，所以你笑脸逢迎，打招呼送礼，都不如为他的研究工作做出实际贡献来得实际。

换位思考已经成了"烂大街"的鸡汤名句，我们的耳朵也已经听出了茧子，然而，这句看似稀松平常的话，却包含着处理社会关系的亘古真理，它从物物交换的远古时代就被先人采纳，即：看看自己手里有什么，再想想对方那里缺什么东西。

韩大爷的杂货铺，简书签约作者，凤凰FM签约主播，新闻与传播专业硕士，微信公众号：韩大爷的杂货铺。

Chapter *3*

不平庸的活法

什么都想要的人，往往什么都得不到

　　人类自身的欲望会让我们想要拥有一切，让我们想要的越来越多。但无数的证据都表明：什么都想要的人，往往什么都得不到。

　　如果你所渴望实现的目标，超出你的精力能达成的范围，那么你最后会什么都得不到。

没有任何人能得到想拥有的一切

　　我曾经所在的一个督导小组里，有一个只有我们组的人才懂的"玩笑"。

　　"一个心理咨询师的最大优点是什么？"

　　答案是："话少。"

　　这虽然是一个玩笑，但也在某种程度上，反映出一个客观，但不少人无法理解的"真理"：Lessismore。

　　新手期的咨询师，几乎都曾在咨询中迫不及待地想表现自己，给来访者讲非常多的专业名词和道理，他们会因为自恋或对咨询中沉默的不自在等，而非常"话多"。

随着新手咨询师的成长，你会发现，他在咨询中的话会越来越少（当然这个不是完全绝对的），他会越来越少发表自己的看法，而更多地观察和理解；当咨询中出现沉默时，他也不会惊慌或是迫切地想要填补空白。这个时候，他的平静反馈到来访者那儿，反而能够给来访者带来一种力量。

因为咨询师的话变少了，于是咨询过程中的"张力"也就出现了。

Lessismore 这一原理，在生活中的方方面面都有所体现。

·衣柜里的每一件衣服都舍不得扔，于是衣柜繁冗得无法再使用；

·一个 App 想要实现所有的功能，满足更多的用户，最后却被用户舍弃；

·同时喜欢两个姑娘，结果哪个都没追到；

·人类自身的欲望会让我们想要拥有一切，让我们想要的越来越多。但无数的证据都表明：什么都想要的人，往往什么都得不到。

这不是一条所谓的充满哲理的人生经验，而是一个有着明显的逻辑支撑的客观事实：

·人自身的精力有限，我们本来就不可能得到想拥有的一切。

·什么都想要的人，往往会纠结于各种选择之中，导致始终无法付出行动。

·一个人即便付出了行动，但如果想要的太多，也会导致精力分散，而分散后的精力，不足以支撑其中任何一个目标的完成。

·即便他能做出一个选择，但在做出这个选择之后，还是会对其他选择心存渴望，他始终无法平静下来，投入精力专注地做事。

所以我们把这句话，换一个更为客观和贴合实际的方式阐述，即：

如果你所渴望实现的目标，超出你的精力能达成的范围，那么你最后会什么都得不到。

记住这句话！

所以如果现在的你，还在"追小红，还是追杨幂，还是追王母娘娘"之间犹豫不决，那么你应当立刻刨除"杨幂"和"王母娘娘"这两个目标，转而把精力集中在"小红"一个人身上。

我清楚上面举的这个例子，会让所有人都觉得搞笑，但事实上，非常多的人对于生活的种种幻想和目标，比"追到王母娘娘"更为荒诞。

比如：

一个明知自己会习惯性拖延的人，会给自己制订排得满满的计划生活；

一个恋爱中的少女，希望她什么都不用说，男友就能够理解她所有的想法；

小张知道这件毛衣他永远都不会再穿了，但还是留在了衣柜里，并觉得自己"可能"会穿到。

这三个例子和"追到王母娘娘"这个例子的唯一区别就在

于：人们可以意识到"追到王母娘娘"是荒诞的，但他们却很难相信"一个有拖延习惯的人给自己制订排得满满计划"这种事和"追到王母娘娘"是一样荒诞的。

如果你的经验，已经无数次证明了有些事你做不到，并且你在理智层面也知道，即便制订了计划你也无法执行，就不要仅仅因为一时的激情澎湃而给自己制订那么多计划了。

做不到，就是做不到；不可能，就是不可能；没有必要因为自己的"幻想"而浪费时间，浪费精力。

所以 Lessismore 的含义是什么？这个"Less"究竟指的是什么呢？

"精要主义"的活法

（1）去除不必要的，精简你的生活

无效社交只会浪费你的时间与精力，不用的生活物品只会令你的生活变得更堵塞，过载的垃圾信息只会降低你的效率、消耗你的宝贵时光。

（2）把有限的精力集中在最重要的事情上

二八法则是一条具有广泛适用性的生活准则，在我们生活的方方面面，只有 20% 甚至更少的部分是最重要的。

但由于我们的精力太过分散，浪费在了 80% 的无用的部分上，所以这些最重要的部分往往未能做到最好。

（3）更有力量的"仪式感"

打一个不恰当的比喻：为什么很多西餐厅价格很高，并且也的确能给人以很高档的感觉？"菜少"绝对是其中的一个重要的因素。

一个每天都对你笑的女生，过了两三个月，你就对她的笑无感了；但一个冰霜美女偶尔向你展颜一笑，可能光是这一笑就能让你回味两三天。

每天都对你千叮咛万嘱咐的母亲，说得再多你都不会听；但在紧要时刻，你那平时沉默寡言的父亲，只对你说了一句，也许就打消了你的念头。

（4）放弃的能力

有一个非常著名的布里单毛驴的故事：一只毛驴，因为无法在两个味道相似的干草间做出选择，最终饿死了。

事实上非常多的人都有着和这头毛驴一样的困境。人们通常既想得到 A，又像得到 B；或者既不想承受 A 的痛苦，也不想承受 B 的痛苦，于是就迟迟无法做出决断，但不做决断这个状态本身，也是充满痛苦的。

为什么我们做决定这么困难呢？

因为"一个选择的做出排除了其他所有选择的可能性"。欧文·亚隆说："每一个'是'必然对应着一个'否'。做决定是昂贵的，因为决定需要放弃。"

Less 就是指这种"放弃的能力"。

（5）更少的东西才能给你一种充分的享受

俗语云"少食多滋味"。为什么更少的反而会给你"充分"的享受？

因为更少的不会给你制造心理压力，你有足够的时间去细细品味，你也会从心理上珍视它。

而太多的东西会令你在心理上感觉这个东西很"稀松平常"，你只会抱着"填饱肚子"的目的去狼吞虎咽，却无法享受它。

在这个"注意力消费"的时代，我们的眼球被各类广告和商家吸引，微博、朋友圈无时无刻不充满了刺激你的各类信息。我们整个群体都在变得越来越浮躁。

因为太多，我们只会囫囵吞枣地做完这件事，然后又渴望马不停蹄地进行下一件更刺激的事。

（6）在不合适的时机绝不做不该做的事

微信的成功与张小龙的"克制"态度，有着密不可分的关联。干净简单的界面、操作和强大的功能，才令微信在功能普遍臃肿的社交 App 中脱颖而出。

克制意味着一种对自我的合理控制。我们自身的欲望总会令我们想要更多，为了短暂的欲望满足，我们总会做出非常多急功近利的事。

克制就意味着，你对事物的发展有了一个长远且清晰的规划，你很清楚在不同的阶段哪些事情可以做，哪些事情不能做。

很多人都知道该在什么时候做什么样的事，但能控制自己在不合适的时机不做不该做的事，这才是一种智慧。

然而，Lessismore 这句话，真的有这么多的含义吗？

当然没有，以上这些都是我的解读。语言只是我们传递信息、表达观点的工具，重点不在于语言本身，而是在于我们所想要传递的信息。

我想要传递给你的信息就是——精要主义。

（7）更少但是更好

更少是更好的一个必要前提，因为我们在前面已经提到过了，我们的精力有限，想要的太多，如果精力太过分散，只会导致我们什么都做不好。

依据精要主义指导的生活方式其实只需要三个步骤即可：

a 选择

做选择有三个原则：第一，我选择我要做的事；第二，只有小部分事是重要的；第三，我能做任何事，但不是所有事。

b 甄别

甄别出我们所有的选择中，哪些事情的价值是最高的，哪些是低价值的。

在甄别的过程中，也有一个原则：所有你犹豫了，难以判断它到底是不是高价值的事物，都应归入低价值的类别中。

c 取舍

选择去做高价值的事情，放弃低价值的事情。

具体到你的生活中，比如：

在买生活用品时，购买在自己经济能力可承受范围内的最优质品；

在社交层面，终结无效社交，减少没必要再联系的朋友数量，不在社交 App 上浪费过多的时间；

做事之前警惕，问自己是真的想做这件事，还是只是为了在别人面前装腔作势和塑造一个形象才去做的；

少刷知乎、微博、朋友圈等，上面的垃圾信息过载，会给你造成获得新知识、获得新消息的错觉；

在家庭物品管理上，依据断舍离的理念，定期清理杂物；

将生活中 80% 无效的部分砍掉

一个人如果想要拥有一种自己的生活方式的话，其实最根本的地方还是在于他自己对于生活的理解，即——你的生活方式只是由你的生活理念决定的。

精要主义的核心生活理念其实是追求高品质、充分享受的生活。

只是它所切入的角度在于：我们的生活之所以品质低下，没有头绪和目标，我们总是什么都做不好，其最根本的原因在于，我们什么都想要，我们的精力太过分散。

根据马太效应，我们生活中只有 20% 的部分，是真正有价值、高效益的，其他的 80% 的部分都是低价值，甚至是无效的。

比如你写作时头脑中走神的那些想法，工作时刷网页时的拖延，堆满了整个房间但并不会用到的生活物品等等。

因为你将太多的时间浪费在了这些无效的部分上，所以那些真正对你有价值的部分你也无法把握做好。

你无法专注，就不可能有高效率地成长和突破。

那么精要主义就是，**将你生活中那 80% 无效的部分砍掉，只将那 20% 的部分做到极致。**

只不过在这个过程中，**如何区分哪些是有价值的 20%，哪些是无效的 80%，这个需要因人而异。**

因此奉行精要主义的生活方式首先要做的就是选择和甄别，甄别出在你的生活中，对于你而言，哪些部分是无效的。

选择何种生活方式，承担相应的后果

虽然很多人口头上都会说，甄别和选择哪些重要，哪些不重要这个太难了，他觉得自己无法分清楚。

但就和你开始动手整理你的屋子一样，只要你开始着手整理，将你所拥有的一切一件一件地摆在面前，进行选择和甄别，你会发现，你的屋子里用不到的东西是如此之多。

只要你开始对生活进行选择，你总有办法判断和甄别出你生活中的哪些东西是需要舍弃的。

但真正的瓶颈往往出现在这里。很多人即便甄别清楚了，他们也无法做到舍弃。

因为有些行为不像是物品，物品丢进了垃圾箱，你就再也找不回了。但行为就不一样，你决定不再和一些无效社交的朋友联系，但当你无聊的时候，你可能还是会不由自主地叫他们出去喝酒。

更何况对于很多人而言，要舍弃他生活中 80/100 低价值、无效的部分其实是一件非常痛苦的事情。

他习惯了在这些低价值的事件中，浪费时光和逃避生活，那么他怎么能够有勇气，让自己去面对真正的生活呢？

其实，如果精要主义的生活方式没有打动你，或者你的确也想让你的生活更精简一些，但你现在无力做到这一点，那么也没有关系。

我想告诉你的是：选择哪种生活方式，这都是你自己的事情，精要的、懒散的生活方式并没有高下之分，也许精要主义的生活的确很好，但是这并不重要，重要的是你自己想过怎样的生活。

风墟，个人微信号接收付费咨询：fengxu1874。微信公众号：炼己者（ID: fengxuwake），微博：风墟 eternity。

要过就过不抱怨的生活

我们可以用一辈子的忙碌，来逃避内心不舒服的感受。我们可以用成全别人，来当作无法活出自己的理由，但我们终究无法回避，总有那么一瞬间，我们会突然醒悟：对人生所有的不满，皆由我们自己的怯懦造成。

对人生所有的不满，都是你自己的怯懦造成的

有位单身女孩，通过微信向我抱怨："你知道吗，我一点儿都不喜欢现在的工作，当年上大学，都是父母为我选的专业，可我明明告诉他们我喜欢做设计！现在，我从事 HR 工作将近十年了，依然只是个招聘主管。公司人员流动性大，招聘压力也大，我已经很努力了，但老板对我还是横竖都不满意。转行做我喜欢的设计工作？开玩笑啊！我都有十年的 HR 工作经验了，再从头做职场新人？那谁养我？我还得养我爸妈呢！"

另一位十岁孩子的妈妈，来我的咨询室，坐在我对面，满

脸愁容地说;"转眼我就快40岁了，天天努力地服侍公婆、伺候老公、教育孩子，工作上还得紧绷着弦，一刻不敢懈怠，因为身后一帮年轻人盯着我这个经理的位置。可我付出了这么多，他们还是觉得我做得不好，不管是孩子、老公、公婆，还是我老板！我越来越累，每天无时无刻不在忙碌着，只有入睡前几分钟是自己的。我现在真的想放弃了，因为，我发现我再怎么努力也无法满足他们的要求，达到他们的标准。我牺牲了青春，换来的却是埋怨。"

这两位处于不同人生阶段的女性，当她们说完各自遭遇困境后，我都问了同样的一句话："你在逃避什么？"

我们可以用一辈子的忙碌，来逃避内心不舒服的感受。我们可以用成全别人，来当作无法活出自己的理由，但我们终究无法回避，总有那么一瞬间，我们会突然醒悟：对人生所有的不满，皆由我们自己的怯懦造成。

我们以为，自己在对自己的人生负责，完成学业、顺利工作、相夫教子、孝敬父母，我们以为这些就是最重要的人生组成，所以我们倾尽全力去为之努力。

但是，事业和生活还是经常赏给我们响亮的耳光。工作碰到天花板，老公越来越闷，婆婆的眼神里总有不满，孩子行为不端，凡此种种，让我们感叹自己入错行、表错情、投错怀，所托非人。我们开始指责身边的人："都是你们，让我的人生如此不堪。"

孩子的问题责怪伴侣，伴侣的问题埋怨他的父母，事业的问题抱怨老板。"我为你们殚精竭虑这么多年，你们一点也不争气，永远都是老样子！"

似乎，只有这些"你们""争气"了，我们才对得起人生。

说这些话太容易，因为我们可以轻易逃避，逃避自己为自己人生负责的要义。

活不出自己的人，只能像树懒一样，抓着近前的树枝赖在它身上，什么事都可以赖它。

照顾好自己，永远是此生最重要的责任

如果因为年幼无知，选了不适合自己的专业，择业时是不是可以改？如果工作几年后发现发挥不了自己的特长，是不是可以利用业余时间，学习、发展所长，直到有一天将其"转正"？

如果为了所谓的满足父母继续做着自己不喜欢的工作，待十年后自己不再年轻，资源枯竭，无力满足生活需要时，还能拿什么孝顺父母？

如果孩子每天看到父母口是心非地应付工作，照猫画虎学去之后，你难道不承认，这孩子就是你教的吗？

如果你与伴侣之间的沟通越来越少，你有没有想过丰富自己的学识和见识，用有深度的话题，吸引伴侣共同探讨？

如果你的付出、努力、奉献，都让你的脸上天天写着"不快乐"三个字，你让父母、公婆天天看在眼里，能不心烦吗？你还敢说，这是尽孝吗？

子夏问孝，子曰"色难"。孝，最难的是和颜悦色。

飞机起飞前播放的安全录像，里面有一句话："带小孩的乘客请确保在为小孩戴呼吸面罩之前，自己先戴好呼吸面罩。"

正如在人生路上，照顾好自己，永远是此生最重要的责任。别把别人的人生扛在自己肩上，更不能因为你肩上肉少，别人没坐稳，你就一味地指责他。

要知道，没有你扛着，或许他会走得更快。我们总说，人要先学会爱自己，才有爱的资源给予别人。同样，我们要先学会对自己负责，才有可能帮助别人过得更好。

如果父母在你成年后，仍对你的事情指手画脚，这就是父母的问题。但如果你按照他们的指手画脚去做了，那就是你的问题。

更可怕的是，你这样做了却没做好，反过来一味地埋怨父母，那更是自己的问题，就像现在很多人，无论遇到什么事情都一股脑儿埋怨原生家庭一样。

与此同时，当我们为人父母，也请不要重复上一辈的指手画脚。想想看我们的孩子，有时，你越嘱咐，他越要去尝试，直到他自己经历了危险，他才会真正得到学习成长。

试想，我们自己不热爱自己的工作，却要求孩子热爱学习，他会吗？身教重于言传，孩子都是智慧的，他只会聪明地模仿行为，而不愿意去听连你自己都不信的说教。

如果你有一个让你精神百倍的事业、充满热情去追求的梦想时，整个人都会丰盛、饱满、艳丽起来，这只会让伴侣对你充满好奇与欣赏，永远保持初恋般的要来探究你的感觉。

我们来到这个世界，不是为了父母、公婆、伴侣和孩子，我们是为自己的生命体验而来。既然来了，就要活出独一无二的自己，才有可能去滋养别人。

如何活出自己的潜能

承担自己的人生功课，活出自己的潜能，你需要做到如下几步：

（1）转变信念。

了解自己以往几十年

快乐和不快乐的信念是什么？是通过让别人快乐自己才能快乐？还是只有通过创造财富才能让自己被爱？去看看那个执着的信念，它并未让你实现梦想的原因是什么？

如果你发现，自己坚持这个信念很多年，却没有效果，那么不如转换一下思路，调整信念，试试其他道路。

了解生活中所发生的事件，透过问题本身，觉察背后的道理，你会发现，对自己内心的探索又深了一步。比如，你一直抱怨父母操纵你的生活，那你可以尝试探寻，这是不是你为自己的懒惰、胆小而寻找的借口呢？去看清自己的本来面目，从不推卸责任开始。

（2）爱自己。

什么是爱自己

爱自己，是在你准备冲惹了麻烦的丈夫发火前，决定给自己叫停，而不是知道于事无补还大动肝火；

爱自己，是为家人做饭时，满足于精心研发一道菜品的成就感，而不是将满腹怨气端上桌，又被家人的挑剔伤了心；

爱自己，就是去做那些让你愉悦的、有价值的事，放弃那些只取悦别人却为难自己的事。

（3）找回自己的热爱。

我们或多或少都会了解自己的天赋，可能是儿时所表现出来的与别的孩子不一样的特质，去把它找出来。每天给自己安排一些时间，完全投入自己的所爱。记得，要慢。慢下来，精心地做出品质，体会其中的乐趣或苦恼。仅仅这个过程，就已经足够丰盛。

结果你会发现：慢慢来，反而会更快。也许只需要一两年，这个爱好就能带给你超越过去十多年的回报。

等你找出自己，活出自己后，你会发现，给予是自然而然就会发生的事。

（4）欣然于自己的改变。

如果你照顾好自己的人生，之前所有的困惑与不满都会烟消云散，你就会像一块磁铁，吸引周围你想得到的一切。而周围的人，也会对你充满好奇和尊重，因为你的勇敢、坚定和爱，让你散发出属于你的独一无二的魅力。此时，浑身充满力量的你，不必刻意做什么，就会感染到身边的每一个人。

可见，你并不需要为取悦别人而去做什么，而是努力活出真实的自己，就能给你身边的人带来最大的快乐。

周丽瑗，国家二级心理咨询师、二级婚姻家庭咨询师、亲密关系辅导专家。著有《亲密关系：在爱中找回自己》。

每个人的心里都住着一个自卑者

"自卑是装出来的"意思其实是，不是那个样子，硬要装扮成那个样子。但若你告诉一个自卑的人，他的自卑是装出来的，他的反应一定是比冤死的人还冤：我就是自卑啊，我就是处处不如人啊，我就是一无是处啊，我没必要装啊，等等。

自卑都是装出来的，而且装了都不自知

一位年轻的男性去找心理医生，说："我是个很自卑的人，很多人都跟我说我没啥好自卑的，但我还是自卑，您是心理学专家，您说我该怎么办？"

医生回答说："我不知道你该怎么办，但我知道，如果我说你没啥好自卑的，你肯定不会听我的，因为你刚才已经告诉我，在这一点上，你会强悍地拒绝所有人的看法。"

这个故事没有讲任何大道理，也没试图列举一系列所谓"优点"来抵消自卑，而只是呈现和描述了事实：这个自卑的人，在

自己是自卑的这个看法上，非常自信，自信到以一己之力对抗所有人的看法的程度。显然，这不是自卑，而是自大了。

"自卑是装出来的"意思其实是，不是那个样子，硬要装扮成那个样子。但若你告诉一个自卑的人，他的自卑是装出来的，他的反应一定是比冤死的人还冤：我就是自卑啊，我就是百不如人啊，我就是一无是处啊，我没必要装啊，等等。

其实，自卑都是装出来的，而且装了都不知道自己在装。

日常生活中，有很多这样不自知的人：在家打孩子的人，不知道他们是在从事一种娱乐活动，而与孩子犯了多大的错误没什么关系；总是失败的人，不知道他们对失败本身成瘾，也不知道成功对他们来说等于精神创伤；很多生病的人，不知道他们的病因，有时仅仅是为了获得生病之后的好处。

……

"自卑"这个词的组成，已经揭示了"自卑"这种心理状态的成因。自 + 卑 = 自我 + 卑微。当"我"与他人、世界分开，成为独立的个体时，自卑感就产生了。自卑感可能来自以一己之力"对抗"整体的虚弱，或者知己而不知彼的迷茫。当"自我"不存在时，"卑"就无处安放了。万病源于有我，若能入无我之境，卑从何来？

最自然的人格，应该是不亢不卑

某个具体个体的自卑，跟童年经历有很大关系。

自卑感是人格的核心部分之一，而人格是在跟养育者（通常是父母）的关系中形成的。父母的自卑感可以像"传家宝"一样传递给孩子，孩子会因为爱父母，而接受这个有心理创伤特征的"宝物"。

父母在对孩子说"要争气"的时候，就是在传递自己作为失败者的屈辱感：孩子的努力，不是为了快乐与创造，而是为了雪耻。把生命变成雪耻过程的人，随时都活在"耻"之中。拥有跟父母一样的"气"的孩子，是在认同家族的共同文化遗产。这些精神上的"出厂设置"，显然不会缔造出美好的人生。

从另外一个角度看，**自卑者活着的终极目标之一，就是让他人在自己面前自卑，或者因为自己而自卑。**

"同是天涯自卑人"的感同身受，使人远离孤独感，也减少自卑所导致的屈辱感。以这样的目标作为动力的人，永远处于宠辱皆惊的动荡之中，永远不可能达到心灵自由的泰然境界。

孩子在跟父母的关系中，因为害怕被抛弃，或者害怕远离父母后的危险，需用自卑遏制对远方的向往；自卑是一种自我压制的力量，它可以在某种程度上，起到阻止孩子远走高飞的作用。此外，孩子还可能把自己的弱小投射给父母，认为自己的成长和自信会伤害父母，而自卑可以起到保护父母的作用。

一旦孩子领悟到自信不会伤害他人的时候，自卑就会减少了。

最自然的人格，应该是不亢不卑。可以想象，自卑跟自大一样，是需要更多能量消耗的。这是"装自卑"证据之一。常态下本应向外的力量，转变成对自己的打压、指责、批评。

自卑者的自我攻击，会对别人形成一种诱惑，引导别人也攻击他。我们在看到一个很"屄"的男人时，忍不住会责骂他几句，以为这样会使他变得坚强和勇敢。其实多数情形下，不会有这种作用，因为我们责骂他时，只不过变成他内心冲突的一部分罢了。

世界上没有人能够玩得过自己

自卑和自大，是一体两面、互为表里，或者说异体同质。自卑是对自大的掩饰，反之亦然。这就是为什么在很多人身上，我们在不同时间和不同场合，会看到完全不同的人格特点。

那么，自卑和自大的本质是什么呢？是自恋。

"自恋"一词源于一个古希腊神话故事。美少年纳西索斯因为被诅咒，丧失了爱别人的能力。他，竟爱上湖水中自己的倒影，最终憔悴而死。与纳西索斯同住一个山谷的美少女回声，也因受诅咒，失去交流能力，只能机械地回应对方说话的最后几个字。一个只有自己，一个没有自己，当真是绝配。

于是，"纳西索斯"被用来描述自己爱上自己的现象，意译为自恋。当然，**自恋的成因不是神的诅咒，而是人的缺席。**

如果一个婴幼儿，有一个能与他共情，知其感受和需要的母亲，他的生命能量就可以找到"身外"的投注点，成年之后，这个投注点会转换成同处"身外"的其他东西，如知识、财富、荣耀等等。但是，如果母亲经常共情失败，婴幼儿则需寻找另外的投注点，常是象征母亲的替代品，如长发、内衣、高跟鞋等，恋物癖就是这样产生的；如果运气更坏，连替代品都找不到，能量就会 180 度转弯投向自己，自恋的风景就定格了。为了更有画面感，你可以想象一个人投飞镖，最后飞镖绕了个弯，回来射中自己的情景。

一个青春期的男孩告诉我，他以后想过一种不需要他人、终身以学问为伴的生活。我对他说，这也许不是一个好主意，因为这意味着你的生命能量可能会大部分指向自己，这叫自己跟自己玩，而世界上没有人能够玩得过自己。左右手互搏，哪只手受伤都是自己受伤。他听后沉默良久。确实，跟天斗、地斗、人斗，全部不算什么，跟自己斗才真正要命。所以，自恋的"最高境界"——恶性自恋，就是自杀。我们不会忘记，美少年纳西索斯其实是自杀而死的。

科胡特从自我（Self）分裂的角度谈论自卑和自大。自我分裂的意思是，每个人都有两个"我"，一个本来的"我"，还有一个分裂出去的"我"，后者观察、监督或调整前者，有点像所谓"第三只眼"。水平分裂出去的"我"，会形成对本来的"我"的打压之势，结果是自卑；垂直分裂出去的"我"，因为被拔高了，位居"楼上"，打不着本来的"我"，对外呈现的是自大。完全的、持久的水平或垂直分裂并不存在，因此自卑和自大可以互相转换。

表面看起来，自卑是在跟他人比较后，觉得自己处于劣势之后产生的。其实不然。自卑者在没有现实层面的比较之前，内心的比较已经发生了，或者说一直发生着。这个自卑是跟内心里那个完美无缺的、理想化的自我比较后产生的。

存在主义哲学认为，每个人都有存在焦虑，来自每个人现实的自我跟理想化的自我的差距。那些在现实中把我打败的人，是被我认为离理想化的"我"更近一些的人。

存在主义哲学还有一种说法：存在即选择。自卑也是一种选择，如果自卑者意识到，自卑是他主动选择的，那么他人格的风景就有可能发生改变。

是什么"鬼"在阻止你通往自信

由自卑走向自信，有五种阻力，专业术语叫阻抗。当然，这些阻抗不是发生在意识层面，而是发生在潜意识层面。

第一种：超我阻抗。

超我是指一个人所信奉的道德原则。当一个人觉得自信是一种道德上的堕落时，自卑就是一种逃避惩罚的"聪明"之选。

自信带来快乐，但在很多文化里，以致很多家庭中，快乐被赋予肤浅和堕落的意义。当一个男孩为自己数学考 100 分而高兴时，就会得到来自父亲的谴责：这有什么好骄傲的？隔壁的女孩数理化都 100 分，也没你这么得意！记住，骄傲使人退步。

这样的父亲，内心有未被化解的"被抛弃"创伤，儿子的快乐，激活了他的失控体验，只有把儿子整得抑郁和自卑，才永远不会丧失儿子。儿子因为爱父亲，就把父亲的"要求"变成自己对自己的要求。

很多人，他们不管取得了多大的世俗成就，仍然自卑，无法享受成就带来的快乐，原因就是，父母不允许，所以自己不允许。

第二种：本我阻抗。

本我是原始的生命力，或者可以叫作与生俱来的快乐河流。如果早年成长环境很苛刻，这个河流流动的河床就会变得弯弯曲曲。河流改道谈何容易？更糟糕的是，自卑者的向内攻击，可能会形成某种受虐的快感，它是最本能的性快感的一种形式，可以固化到人格的最深处。

第三种：原发性获益。

向外攻击是非常具有挑战性的事情，攻击过程以及攻击后果，都需要强大的人格才能顶住。顶不住就向内攻击，也算是一个"聪明"选项。一个人放弃通过与世竞争，来获得优越感的那一瞬间，就会有内心静如止水的快乐。这种快乐足以迷倒很多的人。君不见，多少男女在装模作样地祈祷自己内心的宁静。但这绝不是终点，终点会向自我攻击的方向无限移动，在生理尚未衰老的前提下所获得的内心宁静，可能比自卑走得更远。

第四种：继发性获益，即自卑带来的好处。

这也是可能让自卑者愤怒的说法，因为他们体验到的都是自卑带来的坏处。但其实，自卑的好处几乎可以无止境地写下去：在阉割文化环境中，自卑近乎谦卑，在道德上具有美感和优越感；还能躲避"木秀于林风必摧之"的灾祸；只得罪自己、不得罪别人，还可以起到迷惑"敌人"的作用；一旦取得成就，会更有一鸣惊人的戏剧性效果。很多反败为胜的战争或政治案例，都源于自卑者的貌似弱小，从这个意义上来说，所有自卑都可以被称为"战略欺骗性自卑"。

第五种：即移情。

这个术语其实很容易理解，意思是运用老套路，对付新情况。

移情的正式的表达是：把童年时与主要养育者的关系，转移到现在的关系（特指与精神分析师）之中。老套路指的就是童年在跟父母的关系中学会的套路。前面已经说过，我们需要用自卑跟父母链接，所以自卑意味着爱。这个内心定式会转移到成年后与其他人的关系中。

让我们想象一下，人格饱满、充分自信的人的内心世界到底是什么样子。那些把这件事情想得过于复杂、高深的人可能要失望了。

人格饱满而自信的人，其内心世界一句话便可概括：他们内心只有一个坚定的信念：我坚信我的能力不会毁灭世界。有这个信念做基础，他就不会被自己的能力，吓得必须自卑了。

唐纳德·特朗普（Donald Trump）当选为美国新一届总统后不久，时任总统奥巴马发表演讲，说"无论谁做总统，明天太阳照常升起"。表面说给特朗普听，让他不要过于得意；本质上却是奥巴马一直说给自己听的。奥巴马以无比的自信加才干，登上美国总统宝座，八年来从容驾驭着这个世界上唯一的超级大国，同时还是个超级幽默段子手。可想而知，他潜意识一直需要那个提醒，即"我不可能阻止明天太阳升起"来维护他饱满的自信。

相反，自卑者的内心，没有这个"能力底线提醒"功能。他们内心的咒语是：我的言行随时可以让太阳毁灭。当然，太阳是个象征，可以被置换成世界、全人类甚至宇宙。自卑是他们在潜意识幻想层面，为保护其他人所做出的自我牺牲。

你有没有觉得，诺贝尔和平奖应该授予他们？

猜测刚才你已经在心里默念了几次上述"能力底线提醒"，或许你有了一点自卑减少、自信提升的感觉，或许你什么感觉都没有，并认为这都是胡说八道。如果是后者，没关系，太阳还会升起，你还有时间，去领悟这个最简单却最深刻的关于人性的解释。

曾奇峰，中国心理卫生协会精神分析学组副组长，中国卫生专业技术资格考试专业委员会成员，华中科技大学同济医学院心理卫生研究中心学术委员会委员，武汉中德心理医院创始人、首任院长 (1988 年)，全国独家心理咨询杂志《心理辅导》专栏作家。

生命中不能承受的"假自我"之痛

为什么我们结束非常糟糕、无爱可言的关系，也会经历巨大的痛苦？这是因为"假自我"是由"与外界的关系"构成的。

为什么结束非常糟糕、无爱可言的关系时，也会经历巨大的痛苦

我有一个朋友，她的老公在我看来，实在是太糟糕了，情感隔离非常严重，而她也为离婚准备了很久。可是，当她老公真的同意离婚时，她却感到无法承受的痛苦，乃至痛苦到她怀疑自己离婚的决定是不是错了。

我问她那种痛苦是怎样的，她说，好像"鬼压身"一样，无法动弹。我联想起身边好几个人都说，有"鬼压身"的感觉，都是生命中发生重要分离的时刻，比如和恋人分手、与父母分离等。

按照一般的理解，越爱一个人，与其分离就会越痛苦，但是有"鬼压身"经历的人，有的是与所爱之人被迫分离，有的却是

主动结束一段非常糟糕、早就无爱可言的关系。但是分离后的痛苦，却同样巨大。心理学将这种分离之痛称为"分离焦虑"；而我则认为，重要关系的结束用"分离恐怖"来形容才更贴切。

为什么我们结束非常糟糕、无爱可言的关系，也会经历巨大的痛苦？这是因为"假自我"是由"与外界的关系"构成的。

"假自我"有哪些

假如，我买了一套 CHANEL 的衣服，那构成我存在感的其中一条就是，"穿 CHANEL 的李雪"，好像 CHANEL 的"优雅、高贵"成了我的特质。而我越渴求某些特质，就有越强烈的欲望去拥有这些东西。所以，品牌商，尤其是奢侈的非必需品的品牌商，宣传时产品的功能和质量并不太重要，重要的是把某种特质，比如高贵、不羁、性感等和产品联系在一起，那么渴望拥有此类特质的人，就会成为忠实消费群。

"假自我"就是这样，由无数和外界的关系构成，其中最主要的，是和人的关系。

经常有年迈的父母以"断绝关系"来威胁子女，迫使子女听从他们的控制。这看上去不可思议：子女小的时候，这种威胁很实在——子女离开父母会死。可是现在，子女长大了，可以独立生活，为何这样的威胁还会经常奏效？

作为父母的孩子，这个"我"是"假自我"中很重要的一部分，不管这一部分感觉是美好的，还是地狱般痛苦的。撕掉这一

块，"假自我"就破碎了，我们就要不得不面对"我是谁？我是
什么存在？"之类的终极问题。

这听上去很"哲学"，实际上是最难以承受的痛苦——"鬼
压身"一样无法动弹，却触碰不到自己。同理，这也可以用来解
释与早就不爱的人分手，我们依然会经历巨大的痛苦。

再如，"作为有钱人的我"也是"假自我"中很重要的一部
分。明朝洛阳福王家财万贯，在遭遇攻城时，却宁死也不肯把财
产分一些给守城的官兵，结果城被攻下后，他被点了天灯。这是
因为"假自我"中最重要的部分被撕裂，而引发的"不存在感"
之痛，甚至可能胜于对肉体灭亡的恐惧。

如何与"假自我"共舞

传统的精神分析心理治疗，以使来访者的社会功能更加完善
为方向。我理解的自我功能完善，就是构成"假自我"与外界比
较和谐的关系。

如果在童年，父母虽有问题，但整体还过得去，儿童建立的
"假自我"也就过得去，经历一些学习，"假自我"会更加完善。

如果父母本身极其糟糕，儿童在与父母的互动中，就无法
有效地保护自己、维持关系，比如我妈妈对我的冷漠，甚至想我
要害死她，似乎无论我怎么做，都无法避免或者减轻她这种疯狂
的念头。因此，我的自我模式支离破碎。我一直试图通过一些学
习来和她建立新的关系，来重建自我，努力做个正常人，但却像

"豆腐渣工程"一样，时不时来个坍塌。

现在，"我"的社会功能越来越好，可还是会不时坍塌，碰触到"我不存在"的痛苦。灵魂被包裹得越严实，其实也越受煎熬。

我是谁？

这终究是我们都逃不过的终极功课。

李雪，童年我们如何被养育，决定了我们跟财富的关系。如何改善自己跟金钱的关系，给孩子一个轻松丰盛的未来，扫描二维码，收听李雪老师在线课《富养自己，富养孩子》。心理咨询师，畅销书《当我遇见一个人》作者。

缺乏界限感，
你的人生就会麻烦不断

明确哪些事是自己的事，哪些事是别人的事，守住自己的界限，也不要侵犯他人的界限。

世上只有三件事——自己的、别人的、老天的

这个世界只有三件事，自己的事、别人的事和老天的事。这三件事已经清晰划分了我们自己的界限。自己的事，只能自己做，不要依附他人；别人的事，只可以尊重和接受，不应更不要强加干涉；老天的事，好好配合，天下雨就要打伞出去，生在一个贫穷的家庭，就得学会简朴生活。

当一个人缺乏界限感时，常常把自己的事托付给他人，邀请他人跨入自己的界限，也常常把自己的意愿强加于人，强行跨入他人的界限。

这些都是谁惹的祸？这是我们模糊的界限感惹的祸，就如心

理没有断奶的孩子，既有独立的愿望，又有着与母亲分离的深深恐惧，同时很难形成对事物的判别，常处于两难状态。

我们生活在一个重亲情和联结，但缺乏界限感的社会。记得小时候，从城市返回农村的父母因习惯于关着院门，而遭到邻里非议，因为，面对关着的院门，他们不能像走进自家院门一样心无芥蒂，院门这个界限，令他们很不舒服。

如果界限感仅限于物理上的个人空间或家庭空间的话，随着现在生活环境的城市化和对个人隐私的日益尊重，人的界限感已经大大增强。但是对于心理层面上的个人空间和家庭空间，不少人的界限感依然是非常模糊的，而正是这种模糊的界限感，引发了当下人际关系中太多的痛苦和无奈。

同时，**当一个人缺乏界限感，就很难觉察到自己和他人的不同。**然而，犹如这个世界上没有完全相同的两片叶子，这个世界上也不会有完全相同的两个人。基因不同，早期教育不同，童年经历不同，读的书、接触的人不同，自然，信念系统就会不同，看待问题的角度、解决问题的方法，就会有千差万别。

如果一个人有清晰的界限感，他会意识到这种不同，并尊重这种差别。如果界限感模糊，面对这种差异，会非常痛苦，于是开始抱怨和不解："你怎么这么办事？""你凭什么这样对我？""你怎么竟有这种想法？""你的想法好奇怪！"……

界限感越早明白越好

很多人的早期教育，常常是界限模糊的。当一个孩子自己跌倒，本应该自己爬起来，父母却看着心痛，立刻过去扶起。其实，善良的父母已经侵入了孩子的界限，孩子的界限感在父母的疼爱中，开始一步步缺失。

孩子慢慢长大，有能力独自上学，但因为界限模糊，他或她仍然认为那是父母的事，于是父母背着孩子的书包，早送晚接，风尘仆仆。

孩子慢慢成年了，独立意识开始强化，认为上什么学校是自己的事，和谁谈恋爱是自己的事，嫁给谁或娶谁是自己的事，但很遗憾，他们和父母的界限早已被打破，而且被打破已有很多年，很难重建。而且可笑的是，孩子一边大声宣告"恋爱婚姻是我的事"，一边把找自己做的工作、买自己住的房子，看成是父母的事，于是父母在这种模糊的界限中，仍然觉得"你的高考志愿是我的事，你的恋爱婚姻是我的事"，于是开始冲突，开始痛苦。

像关乎高考志愿、恋爱婚姻这样的大事，甚至不仅仅是父母的事，还是七姑八姨的事，那份关切似乎全是他们自己的事。看似是一份帮助，一份关心，但却可能伤了孩子。因为很少有人是从孩子的角度去考量，而是把自己当成了那个要娶要嫁的人，把孩子的恋人当成自己要嫁要娶的人，然后把自己的意愿拿出来，努力地、充满热情地、苦口婆心地令其意见最终得以实施。

不仅如此，孩子带着模糊的界限感，开始与恋人互动，每天计较着我爱你多些，还是你爱我多些。不仅如此，孩子带着模糊的界限感，与同事互动，本不应该自己承担的，却不会说"不"，本应该自己承担的，却又常常把责任推给他人。将来有一天，孩子也有了孩子，于是他或她带着模糊的界限感，开始与自己的孩子互动。如此继续，会造成很多代际传承模式，造成家庭悲剧的轮回，本应美好的关系成为一种痛苦的纠缠。

所以，明确哪些事是自己的事，哪些事是别人的事，守住自己的界限，也不要侵犯他人的界限。

让界限感清晰起来，就从现在开始吧。

王梓恒，心理辅导师，企业心理培训师，北京团市委青年压力管理服务中心专家组成员，中国培训网金牌讲师，北京电视台财经频道《城市》栏目特约专家，北京电视台科教频道《秘境观察》栏目特约专家。

不要期待别人的改变，
能让自己的心情变好

很多时候我们就是这样，因为无法控制自己的不良情绪，所以总是期待别人的改变，来让自己的心情变好。

价值感不是借来的

我听咨询老师讲过这样一个有趣的故事。

她考博士的时候，非常焦虑，担心自己考不上，担心她心仪的导师不要她。那个时候，她的前男友试图安慰她："亲爱的，没关系的，就算考不上，你也还是个硕士，不要担心。"她觉得男朋友丝毫没有能力安慰她，还是很焦虑。后来，这种需要让男朋友平复她焦虑的心情日益增长，而男朋友的"无能"越来越让她不满意。最后，她选择跟男朋友分手。

非常有趣的是，她现在的丈夫跟她的前男友惊人的相似，但她完全不觉得有什么问题。她跟我们解释道：其实前男友那个类型是非常适合她的，只是当时他安慰不了她的原因，是因为她自己没有能力安抚自己焦虑的情绪。当她发现自己有能力来控制自己焦虑的情绪时，这件事情就不再是她亲密关系中的障碍了。

很多时候我们就是这样，因为无法控制自己的不良情绪，所以总是期待别人的改变，来让自己的心情变好。

我母亲是一个控制欲比较强烈的人，而我又不属于顺从型的孩子，所以我的"青春叛逆期"看起来，比其他孩子要长很多。直到现在，我偶尔还是抑制不住在第一时间做出叛逆的反应，然后在下一刻才意识到，我刚刚又在叛逆了。

其实，她在 99.9% 的情况下都是真心实意地觉得，她那么做完全是为我好，但是她却没有意识到，这样"为我好"的背后，隐藏着更深刻的原因。

在我们两人的关系变得很亲密之前，也就是在我放弃土木工程专业，转心理学专业期间，大概两年的时间，我们曾经把彼此最不好的一面展现给对方。那个时候，我以土木工程专业年级第二的成绩，保送了研究生，然后在研一的时候，我跑到导师办公室，跟他说我要退学，然后学心理学。母亲几乎要疯了，没想到一直都基本按照她和父亲期待的人生轨迹前行的我，突然来了这么大的一个转折。

那时候，她经常打电话跟我说："因为你，我昨晚又失眠了。""因为你，我又病了。""如果你不这样，我的心情就会好很多，我就不会失眠或者焦虑了。"

这是我妈妈在持续做的一件特别有意思的事情：她总希望

通过改变我，来改变她的情绪。当她觉得焦虑的时候，那是因为"我让她这么担心"；当她觉得愤怒时，那是"我惹她生气"；而当她觉得沮丧时，那是因为"我让她失望"了。因为她无法控制自己的这些负面情绪，所以她之前最喜欢做的一件事情，就是打电话给我，告诉我：只有你改变了，我的心情才会变好。

当然我一直很抗拒这样的说法。妈妈在我小的时候，告诉我说："我原来也是有梦想的，就是因为生了你，放弃了自己的梦想。"她让我对她的情绪和她的人生负责。后来，我开始慢慢懂得，原来我们在想去控制别人的时候，通常是因为我们自己不稳定的自我和自我价值感，需要别人的语言和行为，来得到肯定或者是安慰。所以我们想去控制别人：既然我是因为你，才产生这样的负面情绪，而我自己又没有能力处理这种情绪，所以你要改变，这样我的心情才能变好！

再后来，我发现其实自己也是这样。我在做决策的时候，特别希望得到母亲的肯定，如果得不到她的肯定，我会非常沮丧地跟她抱怨：你没有给我信心。后来我发现，其实大多数情况下，我也在怀疑自己，所以当妈妈对我的决策提出异议而不是支持时，我会觉得她没有给我信心。如果自己并不相信自己，那么就只有靠强迫别人给予肯定，然后得到借来的信心了。

你有非常稳定的自我价值感吗

曾经，有一个"稳固并且灵活的自我"（Asolid Flexibleself）概念，是由心理学家大卫·史纳屈（David Schnarch）提出的。

稳固是什么意思？一个稳固的自我，是指一个人具有非常稳定的自我价值感，不会因为外界的否认或者质疑而有所改变。

举个最显而易见的例子。比如失恋这件事情，几乎对于所有人来说，都是件很伤感的事情，在被伴侣拒绝后，我们的自我价值感会在一段时间之内骤然下跌。对于具有稳定的自我价值感的人来说，被分手并不意味着自己"不可爱"或者"不值得别人爱"，而仅仅是因为彼此不合适。

但是，对于自我价值感更多建立在别人的积极反馈之上的人来说，失恋这件事情，很可能让他们的自尊在很长一段时间之内都处于低谷。他们会觉得，之所以被对方拒绝，是因为自己不够好，不够可爱，不够优秀，配不上对方。

什么是"灵活的自我"？这一点看起来跟"稳定的自我"有点矛盾，但其实它们是彼此相融，缺一不可的。

灵活的自我是指：你的自我概念不会僵化，或者停滞不前。如果你的自我概念就是"我是一个学术型的人"，因此拒绝一切娱乐活动，或者其他有助于你成长的活动，那你的自我就是非常固化的。一个有着灵活自我的人，是一个愿意不断探索新的可能性，并让自己不断成长的人。

再举个例子。我们每个人虽然有性别之分，却都同时有着男人和女人的一面。男性可能会拒绝在自己特别感动的时候流泪，或者在伴侣难过的时候，拿纸巾给她擦眼泪，因为那样特别"娘"，特别"不爷们"。

如果你是一位女性领导，在公司里你可能不愿意站出来发挥自己的领导力，因为你怕别人说自己"强势"，或者在需要表现出力量的时候，不敢表现出来，怕别人说自己是"女汉子"。这些都是固化自我的表现。

有灵活自我的人，会在最合适的场合，表现最合适的自己的一面。而拥抱并且发展自己内心的男性一面和女性一面，正是灵活的表现之一。

所以，一个稳固并且灵活的自我，就是指我们一方面有着不受外界评价影响的、稳定的自我价值感，另一方面是指：我们不会局限自我概念，能够灵活地在不同情形下，表现和发展多面的自我。

一个有着稳固而灵活自我的人，是不会去控制别人的。这一点在所有的人际交往中都适用。

当你发现你不需要伴侣跟你"吐露心声"来证明自己是一个值得信赖的人时，他不跟你说小时候的创伤事件，就不会让你觉得那么受伤；当你不需要别人的褒奖来证明自己作品的价值时，别人没有表达欣赏，就不会让你觉得那么愤怒；当你不需要别人的感激来证明自己做一件好事的意义时，别人没有说出那句感谢，就不会让你愤愤不平。

当我们有非常稳定的自我价值感时，我们就有了不需要去控制别人的勇气。因为我们知道，我们的自我价值不会因为别人的肯定、褒奖、支持、赞美或者安慰而得到提升，我们本身就是有价值的，不需要通过控制别人的行为来得到借来的价值感。

只有价值感匮乏的人，
才想去控制别人

曾经，有一个晚上，我因为很累，决定在家里画画休息。一位朋友打来电话，说她此刻就在我家附近，回家有点晚了，问能不能来我这里借住一晚。

如果换成原来的我，就算再累，再不愿意也会答应。但那天我没有答应。我说："亲爱的，今晚我有些累，想一个人在家画画，不好意思，你还是坐地铁回家吧。路上注意安全，到家了给我报个平安。"她回答说："我绝对不会告诉你，你太狠了。"

她显然生气了。当时，我也有种非常不好的感觉。我问自己："你愿意在自己很累并且不想说话的情况下，让一个朋友来家里聊天说话吗？"我知道我是不愿意的。"那么你为什么还感觉这么不舒服呢？"

因为我需要她不生我的气，来证明自己是一个好人。

那么是不是她因为我的拒绝而生了我的气，我就不是一个好人了呢？当我想明白，即使她对我很生气，我也并不会因为她对我的愤怒而不是一个好人时，我就放弃了不让她生我气的冲动。

我没有告诉她：那你来我这里住吧。而是进一步跟她解释了我的情况，并且希望她能够理解。当然了，她能不能理解，已经没那么重要了，因为我知道自己是个好人。因为一个好人，首先会是一个照顾自己的感受并且爱护自己的人，而不是一个牺牲自己去满足别人的人。

当我学会了控制自己，我就真的不需要去控制别人了。

这条路还很长，这种稳定而灵活的自我价值感也需要我不断修炼。

但是我知道，我在慢慢地练习着。

你也会与我同行。

Joy Liu，本名刘双阳，北京师范大学心理学院临床所博士研究生，中国积极心理协会、国际积极心理学协会会员。微信公众号：繁荣成长工作坊 (Flourishing Party)。

你需要攒多少个赞，
才能相信自己真的赞

　　当我们为了得到别人的喜欢，而一直假装，把自己塑造成有礼貌、乐于助人、处事得体、善解人意、优秀、大度等等美好的形象时，就算人们真的说爱你，你也根本无法相信，因为你知道，他们爱的只是你的面具，是你假装出来的那个人，而那个人根本就不存在。所以即使你的努力"表演"得来了很多"赞"，你却根本享受不了它。即使你得到了一些，也会很快失去。

别人不关注和认可你，又能怎么样

　　"在微信朋友圈里，他给所有人点赞，甚至有些内容那么无聊那么 LOW，他都去赞一个，为什么唯独不给我点赞？他还是不是我老公啊！"

　　一位客户在咨询时，抱怨她的老公不给她点赞这件事，翻来覆去，足足讲了将近十分钟。

类似的抱怨我听到的还挺多，我才意识到，原来你在意的人有没有在你的朋友圈点赞，对很多人来说，真的是挺重要的一件事。

当然，人们渴望被"赞"，不仅是朋友圈那小小的爱心标志，后面的数字多一点那么简单。而是通过这个被赞的动作，获得一些其他的意义。

比如被关注，被肯定，尤其是那些你重视的人。

可是人们却很少思考，为什么我这么需要被别人关注和认可呢？

当我们非常渴望被关注时，其实是因为我们都去关注别人了，对自己的关注却太少。渴望被肯定是自我价值感不够高，对自己的价值不确定，所以渴望从别人那里得到确定感。

曾经的我，也非常看重"被赞"，无意识地把自己的价值和别人的评价绑定在一起。虽然我对被朋友圈点赞数量没多在意，但对其他形式的"赞"却是锱铢必较的。

我想起在三年前发生的一件事。那时我和我妈妈的关系还有些紧张，远没有现在这般轻松融洽。

有一天，我带着小女儿去妈妈家吃饭。那天我带了一个银戒指，做工精致，造型别致。一岁多的小女儿看到了，表现出很大的兴趣，我就取下来给她玩。过一会儿，我们去吃饭，我就忘记这件事了。

吃完饭，我们坐在客厅，准备休息一下就回去。妈妈在扫地，扫到沙发下面的时候，从里面扫出了我那个戒指。妈妈问：

"这是你的吧，怎么掉这儿了，你怎么总是这么没收捡。"

我说："哦，是我的。刚才孩子想玩，我就取下来给她玩，应该是她玩的时候掉下去的。"

我妈说："你怎么什么都给她玩儿，这戒指看上去也不便宜吧？"

我接连被呛了几次，心里已经不太舒服了。早已失去了觉察，那一刻新仇旧怨一起涌上来，我就冷冷地回了一句：

"有什么东西比我的女儿更重要呢？"

事实上这是一句攻击性很强的话，而且更可恨的是，这还是那种隐蔽的攻击。骂人不带脏字，却信息量极大。这句话在表达：

我在意我的孩子多过在意这些物质的东西；

我是一个真正懂得爱孩子的母亲；

而你不是，因为你不是这样对我的。

它重重地戳中了我妈妈的痛点，激怒了她，她开始反击，哦，都像你这样惯着孩子，她要天上的星星你也摘给她是吧？别人都应该像你这样惯着孩子是吧？……

我无心恋战，应付了几句，就带着女儿离开了。

一出门我的觉察就回来了。我意识到刚刚发生的事情，是我在和我的母亲竞争，竞争谁是一个更好的母亲。

我意识到我的优越感，事实上，在心里我认为我是更好的那个。

当然，在某个层面上，时代的原因，我比她有更多资源和机会去学习和成长，所以我或许比我的母亲了解更多心理学和亲子教育的知识，也能更好地觉知和管理自己的情绪。但为什么我却无法掩饰地希望我母亲知道这一点，并无意识地在证明这件事呢？

为什么要让她知道我是更好的那个，如此重要呢？当我在问一系列这样的问题时，答案就冒出来了。因为在内心深处，我渴望被妈妈像我对待我的女儿那样对待，被无条件地爱，被认可，被接纳，被肯定。因为那时的我依旧相信，我需要从别人那里得到爱，而自己没有能力给自己。

在此之前，我一直认为我和妈妈关系紧张，是因为她常常指责我、否定我造成的。我从未意识到，正是因为我关注她怎么看我，比关注她要多。为了得到她的肯定，我的自我证明所带来的优越感对她造成了很多被否认、被攻击的感觉，而我完全没有意识到，只忙着找她索取我要的东西，被接纳、被认可，自然就给不出妈妈需要的接纳和认可。

因为当我们在意别人怎么看我，比在意别人本身多的时候，我们是不可能真正懂得爱和欣赏的。

很多人都活在这种状态下：当你在意的人确认你足够好，你才能确认自己足够好，那种安全感，快乐圆满才会重新回来。

可是，为什么无数人都相信，这种感觉一定要依赖别人才能得到呢？

可以把别人对自己的"赞"当成好玩的游戏，
但别当真

我曾带过一个讲师，前不久，她要进行一场几百人的公开讲座，在那之前，她从未对着这么多人讲演，所以前几天她非常焦虑、紧张。

她来见我时谈起这件事："周老师，我现在真的感觉有点虚，很不自信。"我问她，那发生什么事会让你变得有自信呢？她说，"如果现在有一个很权威、很厉害的人，比如马云那样的人跟我说'你肯定没问题，你一定行的！'那我就会马上感到自己非常有力量了。"

我当时就笑了，随手拿起沙发上的一个抱枕，说，这个抱枕就是你的力量，这份力量本就一直属于你，但你看不到它，甚至不相信它的存在。然后你把这份力量，投射到某个你认为很牛掰的人身上，就相当于你把你的力量送给对方。

我把抱枕递过去，让她抱着。然后模仿她崇拜的权威说："我相信你，你很棒！"然后我夸张地接过那个代表力量的抱枕，表演出兴奋开心的样子，紧紧地抱着抱枕模仿她说，"嗯，我听到你说我很棒。现在我有力量有信心了！"

做完这一切后我问她："在你心中的权威说出这句肯定你的话的时候，事实上什么也没改变，什么也没发生，权威也没有为你做任何实质性的事情，你突然就有力量了。你有没有想过，这份力量到底来自哪里呢？只是因为你内在的感觉变了，而你的感觉是如何改变的呢？真的和对方对你的肯定有关吗？"

"其实，是你自己决定相信对方的话来转变内在的感觉。而你也可以决定不相信对方的话，那种自信感当然也不会出现。可既然你决定通过相信对方的话来转变自己的感觉，那就意味着，你可以自己决定自己的内在感受，和别人根本没关系。"

你意识到这当中，你是怎么玩这个"假装我需要别人认可才有信心"的游戏了吗？

这场游戏根本就没有别人，前前后后，都是自己在跟自己玩儿。

很多人都相信，自己需要别人的关注、别人的认可、别人的欣赏、别人的赞美。那是因为他们相信自己没有，除非别人给我了这些，我才会有。所以无数人对"我需要别人喜欢我""我需要给别人留下好印象"这些信念深信不疑。甚至有人不惜为了得到别人的"赞"，不断地证明自己，表现自己，发朋友圈只是其中的一种手法，事实上如果我们稍有觉知，会发现这种表演无处不在。

而且我们会把所有的人都假想成自己的观众，熟人、生人、半熟不生的人，都被我们拉进了自己的小剧场。

给出去的不是爱，也就不可能得到真正的爱

几年前，有一次我去家附近的健身馆游泳，游着游着我突然惊异地发现了自己一个奇怪的现象。每当我快游到靠近水池的终点那几米时，我会特别在意自己游泳的动作是否优雅漂亮，甚至

故意变得更花哨一些，当意识到这个现象时，竟发现前半个小时都是这样的。而这么做的原因很简单，因为在水池终点，坐着一位还算有几分帅气的救生员。

那个时候，我已经在心灵成长的路上走了三年多了，自以为自己已经走了很远了。但当我趴在游泳池边上意识到自己刚刚的模式时，不仅心生羞愧。即便是现在，我还是会为一个陌生人而"表演"，甚至不确定我的"表演"他是否看到了，而这个人可能当我离开这个泳池，就再也没有机会见面。顺便说一句，那救生员真的不算非常帅，比起美国大片里的救生员差远了。我却依然会因为这样一个无关紧要的陌生人来影响我的心态和行为，而且自己还毫无觉知。

那时，我终于了解，**把自己从别人的眼光中彻底解放出来，对我来说，是一个多么重要的功课。**

很多人控诉自己身边的人，"为什么我为 Ta 做了那么多，Ta 却对我一点都不好""为什么我爱 Ta 这么多，Ta 爱我却这么少"。

事实上，跟"Ta"没有一点关系。每个人都是自由而有力量的，可以选择去做自己想做的，也可以拒绝自己不想做的。他们这么痛苦，是因为他们所做的那些，并不是喜悦的，享受的，纯粹的。他们做的过程中，有很多疲惫和委屈，因为他们害怕，如果我不那样做，Ta 就会不喜欢我了，就会离开我。于是在这样的信念中，不断压抑忽略自己的这些感觉，无法让自己停下来，或者拒绝。

因为他们在意自己在别人眼中的形象，比在意自己多，在意别人怎么看自己，比在意别人多。

他们做的"那么多"从来都不是真正为对方而做，而是为了自己在对方眼中的形象而做。他们想通过讨好别人、取悦别人，来换取对方的爱。

可当我们为了得到别人的喜欢，而一直假装，把自己塑造成有礼貌、乐于助人、处事得体、善解人意、优秀、大度等等美好的形象时，就算人们真的说爱你，你也根本无法相信，因为你知道，他们爱的只是你的面具，是你假装出来的那个人，而那个人根本就不存在。所以即使你的努力"表演"得来了很多"赞"，你却根本享受不了它。即使你得到了一些，也会很快失去。

而在寻求他人爱的过程中，你失去了真实的自己。当一个人对自己没有爱，没有信任时，自然就希望从别人那里得到，可是悖论却是，一个自己都不会爱的人，根本不可能给予别人爱。你给的可能是讨好、牺牲、委曲求全、伪装，唯独不是爱。而你给出去的不是爱，也就不可能得到真正的爱。

而最终能给出的爱，都源自于我们自己。当我们努力想要得到我们早已获得的爱时，我们就给自己制造了一个牢笼。

爱和痛苦的感觉，从来都是自己给的

在很多年前，我看过一本半自传的书，是由一个法国的身心灵作家、导师所写的。其中，一个关于她自己亲身经历的故事，给我留下了深刻的印象。如今，那本书的书名和作家的名字我都忘记了，但那个故事却依然记忆深刻。

故事讲的是一个非常有才情的女人，有一年，她认识了一个同样才情洋溢的男人，后来他们相爱了。她从未体验到这么浓郁的爱，她全身心地爱着那个男人，同时也感受到那个男人对她毫无保留的爱。在他们相爱的那三年，她的整个世界都有了非同一般的意义。她感觉她的生命，是从和这个男人相遇之后才真正开始的。她觉得自己是世界上最幸运的女人。

直到有一天，一切都戛然而止。那是非常平常的一天，她在家打扫卫生，这次她想打扫得比平常更彻底一些，清理了很多平时忽略的角落，突然发现一个从没有注意过的小暗箱，还有一把小小的密码锁。

她尝试了几次，竟然把箱子打开了。箱子里面有很多信件，信件的内容是与她相爱的男人和另外一个女人的交往过程。她无比惊讶地发现，这个男人在和她交往的过程中，竟然同时还在和另一个女人交往，而且他对对方的表白和赞美，所使用的词句，都是曾经对她说过的。

可以想象，那一刻，她的世界崩溃了。

她感觉过去这几年，自己的幸福生活简直就像一个笑话。这个男人从未真正全心全意地爱过她。她过去所有的生活，都在一个谎言当中。

她痛苦到了极点，离开了那个家，不知道要去哪里。在外飘荡了几天，最后她决定自杀。

她来到海边，慢慢走向大海深处，当海水没过她的双腿时，也许是冰凉海水的刺激，也许是内在某种神性力量的苏醒，她内心深处突然有个声音，闪出一个问题：

"如果这三年，这个男人从未爱过你，那么你感觉到的爱是真的吗？"

这真的是一个非常非常有智慧的问题。她听到了这个声音，停了下来。然后答案就出现了，她只能诚实地回答，那种幸福的、被爱的感觉是真实的，无法否认。也正是因为那份感觉太美好了，当它失去时，才令人无法接受。

紧接着，这个声音问出了另一个更终极智慧的问题：

"如果那个男人从未真正爱过你，那你感受到的爱，究竟是从哪里来的呢？"

她一个人呆呆地站在海水中，思考这个问题，寻找答案。

最后，她没有别的答案，唯一的答案就是——这爱的感觉是自己给的。

就在答案出现的那一刻，她意识到所有的感觉都是自己创造出来的。无论是之前被爱的感觉，还是之后被伤害的感觉，又或是现在这份超越被爱和被伤害的感觉，统统都是自己创造的。

于是这个女人就在这一刻，觉醒了。

后来，她成为了非常知名的身心灵导师和作家，帮助了很多在关系中受苦的男人和女人。

就像前文提到的那个一直不相信自己的讲师，她认为她所需要的力量，是从别人对她的鼓励和认可那里得到的。然而从头至尾，那份没力量的感觉，是自己创造出来的，最后那份有力量感，同样是自己创造出来的。

你一切本质具足

就跟那个法国女作家的故事一样，所有我们体验到的各种痛苦、受伤害的感觉，都不可能是别人给你的，那些故事只是选择我们想要体验的感觉而站立在最恰当的观察立场而已。

这也是为什么同一个事件中，不同的当事人会讲出各自不同的，属于他们自己版本的故事。如果他们会有冲突或者争吵，其实很简单，因为他们都想抢同一个位置，比如受害者、弱者、被爱者或控诉者一类。

一个故事就像一个空间，有无数个位置，你最后选择的位置，就会决定你看到什么、感受到什么。而你所看到的感受到的最后就会成为属于你的真相，因为观察本来就是创造的一部分。

同样的，你也不要以为那些被爱的、被信任、有力量、有成就感等等这些好的感觉是别人给你的，需要依赖某个特定的人或事才能得到。就和被伤害的感觉是一样的，那个事件或者个人只不过是个媒介，整个过程只是一场游戏。是你把原本就属于你的力量与爱，投射到对方身上，经过二次加工，换个包装再拿回来罢了。

这就是无数的大师一直在告诉人们的，你一切本质具足。

当我通过不断地成长，在生活中践行功课，觉察自我时，终于真正体会到了这些时，我意识到，这是唯一的真相。

我也曾无比依赖别人的眼光，渴望别人对我的喜爱和认可，但是当有一天，我终于意识到，这一切都只是一个泡泡，当你真

的去质疑，这些被你的养育者和很多人信奉为真理的信念时，你
会发现整个世界，原来充满了善意和无限的可能。

　　通过不断地成长和练习，终究有一天，你也能真正明白这
一点。能清晰地意识到所有的源头都在你这里，你就是你世界
的神，你可以创造出任何你想要的生活，不需要借助特定的人和
事，甚至不需要借助特定的时间过程。

　　只要你决定了，不需要等到未来，就在这一刻，你就可以选
择进入你想要的感觉。

　　周梵，心理学从业十余年，擅长解读亲子关系、夫妻关系、自我
身心灵成长等话题。

你有当自由职业者的资本吗

单枪匹马出来混，总得有个技能防身（资源、人脉开挂，有雄厚经济基础的自动略过），一技之长是提供个人价值并因此获得回报的前提。不具备职业性，辞职后即使拥有了大把时间，也感受不到自由，因为时间都花在焦虑上了。

没钱没时间还无聊，光是想想都生不如死

很多人都想开咖啡馆，我一度奇怪，为什么开咖啡馆会让那么多人心心念念？后来发现，咖啡馆、小餐馆、奶茶店、小客栈、淘宝小店……这些梦想指数高的关键词，它们有一些共同的特性：

- 能够获得一份收入
- 入门较简单，不需花费过多成本和精力
- 自己说了算，不牵扯太多的团队合作
- 美美哒

· 面向流动人群

想开这些店的人，潜台词是：我想过自由的生活，有点钱，够日常支出就好；有点闲，能慢下来，享受过程的美好；有趣，能认识更多朋友。

维持平衡就好，有钱但忙到死，有趣但穷到哭，有闲但无聊得要命，都不算一个好状态。如果没钱没时间还无聊，光是想想都生不如死呢。

那么问题来了，如何才能达到平衡的状态呢？相当一部分人会说："我很想辞职，不想被老板骂，不想挤高峰期的地铁，不想周末加班还没有加班费，不想一年只有七天假期，想请假出去旅游的时候，还要看别人的脸色……但我不知道辞职以后干什么。""我很想自己做点什么，但想了好几年，也没有勇气真的放弃现在的生活。"

自由职业者，首先要职业，然后才自由

单枪匹马出来混，总得有个技能防身（资源、人脉"开挂"，有雄厚经济基础的自动略过），一技之长是提供个人价值并因此获得回报的前提。不具备职业性，辞职后即使拥有了大把时间，也感受不到自由，因为时间都花在焦虑上了：焦虑生意没法走上正轨，没有客源，没有稳定的现金流，有的是让你大把掉头发的麻烦等着，哪还有悠然自得的心情？

大多数人在第一步就卡住了——"可是我什么都不会啊！"

能理直气壮说出这句话的人，应该去给老板写封感谢信，因

为他雇用你，还给了你一口饭吃。你什么都不会了，还要什么自行车？不对，应该是还要什么假期，要什么不坐班，要什么有趣并且美美哒？

不要找借口，说什么我没本事、没机会、没平台，你之所以不会，就是因为懒。

怎么拥有一技之长？

首先记住：**辞职前不会干的事情，辞职后大多也不会干。**

不要说等我辞职后，再去学个什么技能……不管工作有多忙，学一项技能的时间一定是可以挤出来的。

在有工作保障的时候，就应该开始为自由生活做内测，是的，自由职业和其他创业一样，需要反复摸索，实验失败，爬起后才能蹚出一条阳光大道。辞职以前，试着做这些事情。

趁有钱可花的时候，学会怎么花钱

趁有钱可花的时候，学会怎么花钱。免费的东西是最贵的，它用很差的质量，占用了你的带宽，抢占了你享受好东西的时间。

不要吝啬花钱，网上固然有看不完的免费资料、公开课、论坛讨论，但基本停留在入门级，想要深入下去，不妨花一点钱，去买专业书籍，请专业人士培训，去专业的店铺体验，花钱买别人长期累积的专业经验和眼界，买别人已经实验论证过的正确方法，是很划得来的买卖。在掌握正确方法的情况下，学会一项谋生技能，一两年就足够了。

去认识与技能相关的群体

就算是个自由职业者，你也不是一个人在战斗，前期累积的资源、人脉、平台越多，后期才越容易产生连接，并实现合作。去认识与技能相关的群体，加入他们。就职的公司能够提供平台当然最好，如果目前的工作和将来自由职业的方向没有一点关系，那也不要紧，这个时代提供了大量由兴趣连接的社交工具，花点时间，保持开放的心态，坚持在正确的社交平台上发声，或许会有意想不到的收获。你是最常接触的五个朋友的平均值，如果五个最好朋友都是安分守己的上班族，那么你自己成为一个安静美男子／少女的概率有多大呢？

你不会，不就是没有花够别人花的时间吗

有热情，有方法，跨出了第一步，更多的人会跌倒在第二步。热血地学习了一段时间后偃旗息鼓，虎头蛇尾，最后不了了之。所有事情都是"略懂一二"，真的要发展成为事业，那还远着呢。

这个时候，最重要的是养成一个好习惯。而**形成一个新习惯，起码需要连续坚持 21 天，保持下去则需要坚持 100 天，达到大师级别需要花掉 10000 小时**。想想你为此投入了多少时间？请不要再说"我就是什么都不会""我没有这种本事"之类的话了。你不会，不就是没有花够别人花的时间吗？

改变都有风险，但一成不变的风险更大

那些说"没有勇气放弃现在生活"的人，要解决的不光是能力问题，还有心态问题。**害怕挑战、不敢放弃、逃避选择，说白了，不是真的想要改变，只是想什么好处都占着。改变都有风险，但一成不变的风险更大。**

学会放弃，一无所有的时候还好，年纪越大越不容易做到。但年纪大并不是借口。种一棵树，最好的时间是 10 年前，其次是现在。没有什么时候是最好的开始时机，虽然 90 后年纪轻，可是 60 后心机重啊！

学会接受挑战。自由职业者如同单口相声演员，出场以后一两个包袱没抖响，心情就开始沮丧了。可是，既然选择站在舞台上，有没有观众反馈，都要保持 High 的状态，直到谢幕为止。

要相信，所有的努力都不会白费，重要的是坚持下去。而在职时提前演练，抱着失败了也没关系的念头，在心态上会平和很多。

如何建立一个完善的自品牌

自由职业需要保持紧张感，而上班久了，习惯寻求安全感，反应速度慢，自主性差，靠别人推着才会走一走。

刚辞职的时候，我每天必须打开 Outlook 看好几遍（以前上班，一天要刷几十遍邮箱，不断处理来自四面八方的工作单），脱离了邮件，居然不知道自己该干什么好。不能自主驱动从始至终做一个完整的项目，就只能做一颗流水线上的螺丝钉，成为抽

几巴掌才会旋转的陀螺。简单说，首先要成为一台发动机，把电源动力掌握在自己手里才行。

说了这么多，为什么有时候上班给人感觉那么不好，因为你还没有找到一个完整的自己。这个完整的你，可以实现自循环，不因职业、岗位、领导、同事的改变而改变自身属性。

没有自由职业意识的人，觉得工作在为别人打工，自己无非是挣钱糊口。当你把重心放在自己身上时，才会感到无论做什么事，都是别人在为自己打工，**工作是为自己积攒资金、人脉、资源和方法论，帮助自己建立一个完善的自品牌**。

大多数人把时间花在了刷微博、微信，看韩剧，逛淘宝，买包包上面，因为他们并不知道，如果不这样，还能为自己做些什么，才能抚慰日日焦躁而疲惫不堪的心。如果想摆脱现有困境，成为一个工作生活平衡的自由职业者，就要先去找到自己，想明白"我是谁""我想做什么""我该怎么做"。

有时间不代表有自由，工作很忙也不代表没有自由，无论什么时候，找到自己，才会自由。

徐小妮，闲不住的自由职业者，爱折腾的手绘创意人。微信公众号：妮胡扯（ubullshit）。

Chapter *4*

所谓强大，
就是能管好
自己的情绪

不情绪化，你最终才能赢

我们把那些无法憋住的情绪，无法选择情境发泄的行为，称为缺乏延迟满足能力。延迟满足能力是一个人人格健康的指标之一。延迟满足的意思是，为了追求更大的目标，获得更大的享受，或者减少更多的损失，我们可以克制自己的欲望，放弃眼前的诱惑。

情绪化是心理上的"大小便"

在很多人眼里，情绪化的杀伤力是非常大的。情绪化的人，首先受不了什么刺激，对别人的行为显得非常敏感，并反应激烈。

情绪化最常见的就是发脾气。遇事就火，一点就着。而且脾气里夹杂着各种复杂的暴力。

发脾气，会致使心身憔悴、耽误事情、利益受损，甚至带来人身伤害等。

有时，这种暴力指向自己，你不按照他的要求去做，他就会自残，伤害自己……有的暴力是指向对方。最常见的家暴、侮辱。施暴一方用尽各种方法来发泄自己的愤怒，企图让对方知道他错了。

有的暴力是指向无关的人。有一个笑话，是从孩子的视角讲的：妈妈跟爸爸吵架，妈妈说：我要让你尝到失去亲人的滋味。说完，妈妈把刀对准了我的脖子。

这就是把暴力指向孩子、邻居、路人、身边的无辜者来发泄情绪。

情绪化还有一个可怕的地方：有时候不顾及情境，在不该发火的时候发火，不该发火的地方发火。比如一生气，就嚷嚷着取消既定行程，不去玩了，然后退了机票——只退出个燃油费。一生气，买了车票离家出走，走到一半气消了又回来，浪费时间和金钱。

冷暴力，是情绪化的又一表现。比如，动不动就噘嘴、不理人、关机、拉黑、玩失踪、离家出走等。

在这种情绪暴力下，人惯有的方式就是妥协。一再透支自己的付出能力去妥协，只为换得片刻安静。有时候你会感觉，关系不是关系，那是地狱。分，分不了；在一起，又很难受。

情绪化，并不是指人的情绪多变、无常。事实上，每个人情绪的稳定性都不怎么高，情绪本来就是个常态低、变化快的存在，在自然状态下，就是变化多端。但情绪化的破坏力，在于缺乏理性调配，感情用事，不加克制，在感情强烈冲动的情况下，做出的缺乏理智的行动。

换言之，造成伤害的不是情绪本身，而是对情绪听之任之，付诸行动。

理性对情绪的支配程度，显示了一个人的成熟程度。

情绪化常被称为心理上的大小便。试以身体为例理解情绪。

我们随时都会产生大小便，这是人体自动运作的结果，不受个人意识的支配。而一个身体功能没有发育完全、身体功能受损的人，就会大小便失禁，比如婴儿和相关成人患者。一个健康、成熟的人，他可以随时产生大小便，但是不会随地大小便，他会在合适的时间和情境之下解决。因为他会用自己的理性和意志力进行行为支配，不让它即刻付诸行动。即便有时，他因为某些原因大量饮水或者腹泻难以忍受，急待排泄，他也会迅速找到一个合适的情境再方便，而不会就地解决。作为一个成年人，你不能随地大小便，原因很简单——不想影响别人，有羞耻感。

人的情绪也是如此，随时随地产生。但你是一个成年人，你有基本的不想因为自己的情绪影响别人的意识，有随处发泄带来的羞耻感，因而选择忍耐。即使在家里，对家人，你也不会随地大小便。我们对家人，也不能随时发泄自己的情绪——心理上的大小便。

不具备延迟满足能力的人，失败是常态

情绪发泄是件很有快感的事，正如你憋了会儿尿，找到厕所时痛快排泄很有快感一样。**我们把那些无法憋住的情绪，无法选**

择情境发泄的行为，称为缺乏延迟满足能力。延迟满足能力是一个人人格健康的指标之一。延迟满足的意思是，为了追求更大的目标，获得更大的享受，或者减少更多的损失，我们可以克制自己的欲望，放弃眼前的诱惑。

一个成功者，他首先要具备的就是延迟满足能力。也就是耐得住寂寞、经得住挫折、受得住成功，能够居安思危，摒弃诱惑，坚定不移地朝着自己的目标努力。

当孤单无助来临的时候，他能够忍住，做自己该做的事情，而不是去吃喝玩乐。当挫折来临的时候，他能忍得住受伤和绝望，做自己该做的事情，而不是说一声我放弃。当他成功的时候，他能忍得住喜悦，而不会欣喜若狂，忘记了自己是谁。

也许你会说，这样活着多压抑，不累吗？人如果像婴儿或猪一样活着，由着自己的情绪走，的确很轻松。由着自己排泄器官的冲动，想大小便就随时随地大小便，更欢乐。可是人之所以为人，除了享受发泄的快感外，还会享受到一种通过忍耐而得来的更深邃的快乐。那是种更高级的追求。

所以你看一个人情绪化的程度，就可以知道他能把事业做多大了。

延迟满足能力可以通过训练获得。即使错过了小时候最佳的延迟满足训练期，成年后依然可以获得。你可以刻意训练自己，就像在健身房里挥汗如雨的时候，说服自己坚持下来一样。教练会教你：当你想放弃的时候，正是坚持开始的时候。

对情绪的忍耐力训练也是如此。每当你想发泄情绪的时候，正是坚持开始的时候。你可以刻意提醒自己：延迟满足训练，现在开始。然后你就能憋住，不对他人发火了。

你也可以邀请一个"教练"——你的伴侣或你常冲他发火的那个人，邀请他每当在你想发火的时候，温柔地提醒你，现在开始训练，憋住。

等情绪消退后，再找令你生气的那个人好好谈谈你为什么生气——这就是合适的情境。

随后，你可以给自己很多正向的强化，憋住了几次，就给自己一个什么奖励，夸夸自己你真棒，或者请伴侣夸夸你这次的成功。即使这次没憋住，如果控制时间比以前拉长了而没有寻求即刻满足，也是值得表扬和肯定的。

这就是行为疗法的治疗机理。一段时间后，你会发现，你对情绪的耐受力增加了，你的延迟满足能力在增强，你会从合适的情境里表达获益，你会发现你生气的时候想得到的基本得不到，但当你的情绪消退后再来谈你的需求，你被满足的概率就大大增加，你得到的正向反馈也越来越多，进入正向循环。

当然，对于一些过度自控的人来说并不是什么好事，他们善于并且习惯压抑自己的情绪。这时候就要鼓励他们及时发泄，找到一个平衡点。延迟满足能力过强，也可能会导致失去满足的机会。

柏燕谊，著名心理咨询师，性格几何学说创始人，咨询师督导，课程讲师，畅销书作家，"金牌调解"等栏目情感分析师。

千万不要强迫自己微笑

不要以为笑对人生就是坚强。真正坚强的人，走自己选择的路，会笑，也会哭，但始终忠于自己的情感，真实地走下去。

连哭都不敢的人，算什么坚强？

前段时间，又有一位备受喜爱的明星，选择从这个纷乱的世界消失。目之所及，各种各样解读抑郁症的文章、自测"是否患了抑郁症"的测试，铺天盖地。令人不解的是，我们以为有抑郁症的人都是情绪低落、极度敏感、寡言少语、闷闷不乐的，但是现在，我们却发现，很多平时看起来非常快乐、积极、阳光、开朗的人，也会突然消失，答案竟也是抑郁症。

到底抑郁症是什么样子的？

不要以为笑对人生就是坚强

很多年前，媒体偏爱"草根达人"，捧红过无数籍籍无名的人。那时，我认识了一对夫妻，妻子毕业于大学声乐系，丈夫小学肄业摆地摊，人们为他们动人的爱情故事、女主角不断追寻音乐梦想的执着而感动。后来，家庭矛盾类节目开始热播，我再次和这对夫妻相遇。他们在那档节目中的说辞我已忘记，不过故事的主线，很快又回到两人的爱情故事和对音乐的执着向往。前不久，一档以感谢和道歉为主题的节目开播，这对夫妻又来参与，切入点是丈夫感谢妻子能够嫁给他，至今不离不弃。

我无意评价这对夫妻的行为，或许他们需要媒体，又或许是媒体需要他们。总之我相信，只要有观众，他们会将我们熟悉如己的故事，一遍又一遍地重复诉说。而女当事人只有一个表情——微笑。

无论时隔多少年，无论在何种场合，无论第几次讲述，那位妻子从始至终，脸上只挂着一个表情—微笑。

我心理咨询室的一位来访者。在前30多次的访谈中，那位女士不论是谈到自己未婚时被强奸，还是不得已嫁给一个自己不爱的男人、被家暴，抑或谈论丈夫出轨，所有对于一个女人而言，谈起来都会泪流满面、愤怒悲伤的过往，从她口中轻描淡写地讲出来，在她脸上，微笑始终如一。

我非常认同"笑对人生"这个说法，但是，人的感情是丰富且复杂的，而人的表情会随感情的波动而变化。**当我们努力想要掩饰自己的情绪时，鼻翼的起伏、眉间的微蹙，都会流露我们的真实情感。**所以，不论是在舞台上对着镜头讲述不被父母亲人理解、以断绝亲情为代价，执着嫁给爱人的"女达人"，还是历经人间悲苦，丧失生活信心的"女苦主"，我都无法认同她们的

"微笑"是在真实地微笑，哪怕笑得那么自然和熟练。

这个世界上，只有虚假的笑容可以一成不变。比如芭比娃娃。我们小时候，大部分人都有过对玩偶说心事的经历，可是，你的玩偶在和你"对话"的过程中，永远是笑靥如花的表情，无论你对它多么哭天喊地地倾诉，它也依然保持微笑，静静地看着你。

我无意讽刺女达人或女苦主。只是，她们给我们呈现的微笑是假的。这种假，不是出于欺骗，而是一种防御。

我想，假如我是那位女达人，我也会选择虚假的"微笑"。因为我不想听到别人说：

"你自己选的路，有什么可哭的？"

"我要做坚强笑对人生的女人，用微笑告诉世界，选我所爱，爱我所选，请你闭嘴；我要用微笑告诉别人，人生多艰，我无可奈何，但你也无力帮我，所以请你闭嘴；我更要用微笑告诉自己，我早已没有退路和选择，别人善意或恶意的话语只会让我徒增心烦"……

这个微笑，是在拒绝。拒绝来自现实的声音，无法面对的真实之声，甚至是来自自己内心的声音。而大部分人，面对这样的微笑时，的确也识趣地选择了闭嘴。

对那位女苦主而言，每一次经历都是一种灾难。而她，是亲手将自己一次又一次交给灾难的那个人。当我们发现所有的愤怒都不能、不敢去面对，那么释放就无从谈起。最终，我们能够拿来面对世人和自己的，就是一张面具——微笑。

而抑郁的核心动力，就是原本应该向外释放的愤怒无法实现，转而向内释放的一种自我攻击。

不要以为笑对人生就是坚强。真正坚强的人，走自己选择的路，会笑，也会哭，但始终忠于自己的情感，真实地走下去。

连哭都不敢的人，算什么坚强？

强权罪人的心理：
我不愿意看到因我而受伤的人落泪

前段时间，明星因抑郁症自杀的新闻甚嚣尘上时，我恰好和几位带着孩子的妈妈在一起。大家正在热火朝天地讨论抑郁症患者为何选择离世的话题，一个七八岁的孩子哭着走过来找妈妈。这位妈妈并没有询问孩子哭泣的原因，而是大声呵斥他，禁止孩子哭泣。周围的妈妈们七嘴八舌地制止发飙的母亲，让她不要这样训斥孩子，否则会给孩子留下心理阴影。当她们拉我过来求证的时候，我问那位妈妈："你觉得哭代表了什么？"

这位妈妈没有直接回答我的问题。她说，她从小就被家长禁止流泪。

爸爸说："哭是软弱的象征，会让别人瞧不起。"妈妈说："不要哭，把弟弟留在父母身边生活，是因为弟弟小，你这个做姐姐的，必须要懂事。"

她被寄住在大姑家后，大姑说："哭什么哭，好像你住我家，我们亏待了你似的。"

老师说："快期末了，还没交学费，有什么脸哭？"

所以，她人生中所有痛苦的事情，只能用微笑去面对。只有微笑，才能让不怎么喜欢她的父母，觉得她还算懂事，继而对她好些；只有微笑，才能让厌烦她的亲人、朋友觉得她还不是那么讨厌；只有微笑，才能让她自己不认为自己是一个被嫌弃、被抛弃的无用之人。

强权的罪人有一种普遍心理：我不愿意看到因我而受伤的人落泪。所以，我伤害过的人，只有微笑，才能让我心安理得。

这位妈妈的微笑是乞求。

当一个人应得的疼爱、认可、接纳莫名其妙地消失，这个人只能用微笑来表达眼泪。因为眼泪，对于一个多余的"累赘"来说，是罪恶的、奢侈的。她的微笑背后，是无尽的泪水和苦涩。

我不知道如此微笑能够将人生带到何处，我只知道，这样的微笑越多，人生越惨淡，直至黑暗。

怯懦之人惯用的伎俩——抬手不打笑脸人

中国有句老话：抬手不打笑脸人。

小时候我并不明白，为什么要对一个扬手欲打我的人微笑。那时看了很多革命烈士的电影，我发现，烈士对着敌人微笑时，会被打得更惨。

长大后我发现，在职场中，同样有很多人信奉抬手不打笑脸人的信条，而他们其实就是为了让自己远离责难。

微笑到底是挡住巴掌的王牌，还是惹来巴掌的诱因？这个问题，我思考了很久。直到有一天，我在电影上看到这样的一幕，如醍醐灌顶。

电影中，两个年轻人在地铁上发生争执，瘦弱文静的男生是占理的，但是对面那群满身肌肉、头发五颜六色的男孩，却让围观的人不敢支持那个弱势的男生。这时，瘦弱的男生突然笑了，这个笑容激怒了那群小混混，他们呼啦一下围住瘦弱的小男生，嚣张地狂笑，像一群看着猎物的野兽。但是，当他们看见微笑的瘦弱男生从腰里掏出两支手枪时，他们吓傻了。混混们保持着他们的笑容，而男生微笑没有变化，但那群小混混的笑马上从嚣张变成了谄媚。

不同的微笑，源于对自己不同实力和处境的评估，它们散发的味道是不同的。

对自己实力很笃定的人，面对强势的对手时会微笑，那种淡定的微笑，源于对自己的信任，和对对方虚张声势的看透。而那群小混混，看到瘦弱男生掏出手枪后的笑容，更像是"抬手不打笑脸人"的笑，也是很多现代人惯用的伎俩，这其中的潜台词是："我很废，不是你的对手，您就高抬贵手，把我当个屁给放了吧！"

如果一个人对自己实力的评估过高，就总会变成被打击对象，满腹学问，一身才华，却不得志。这种状态下，每一个微笑都是扎心的一把尖刀。而那种乞求对手放过自己的微笑，则会变成一杯杯暗示自我毫无价值的毒药，笑得越多，死得越快。

或许看到这里，你能够知道，为什么有些人看起来快乐、阳光、积极，但是有一天，他却会突然选择离开这个世界。

也许因为要掩饰的假象太多，自己无法再欺骗自己；

也许因为要讨好的人太多，自己却永远处于被忽视的位置；

也许因为把对自己的期待放在珠穆朗玛峰顶，而真实的实力却还不足以支撑爬上家门口的小山丘；

也许因为太不相信自己的实力，永远只能把活下去的希望建立在别人的允许之下……

幸福没有捷径。如果因为怯懦，不敢面对现实，不敢面对曾经的选择，不允许自己的柔软被看见，把逞强当成坚强，不相信自己已经长大，不相信人生可以有另外的选择，而让太多对自己说"不"的事物挡在面前，那么幸福最终会被自己湮灭。

那些年轻的，已经消失的生命，正在微笑着说：我从没微笑过，我只是需要"我在微笑"。

柏燕谊，著名心理咨询师，性格几何学说创始人，咨询师督导，课程讲师，畅销书作家，"金牌调解"等栏目情感分析师。

心理成熟的五大标志

· 感受情绪，不假装掩盖
· 判断的独立
· 决定的独立
· 经济的独立
· 有边界感

心理治疗过程中，我和我的来访者经常有这样的对话模式：

"唉，我最近一段时间感觉特别抑郁。"

"好，那你就在抑郁的情绪状态中，停留一段时间。"

"唉，你怎么这么不负责任呀？我都抑郁了，你快点让我好起来吧。"

"你还不知道抑郁的情绪正在带给你什么感受，或许它能够让你看到内在，激发和唤醒一些被你忽略的重要东西呢。"

这，恰恰就是心理学的意义。

很多人问，心理学为什么不给我答案，不告诉我方法？为什么不告诉我"怎么处理婆媳关系？""怎么在职场上受欢迎？""如何找到真爱？""怎样与伴侣和谐相处？"

对不起，方法太表象，解决不了你真正的问题。即使告诉了你方法，问题也依旧会发生。

为什么？

因为大多数问题的根源都会在你自己身上找到答案。

多年的从业经验只教会我一个应对所有问题的终极方法：**让自己成为一个心理成熟的人。**

为什么 30 岁的她得了宫颈癌：
情绪压抑的后果

前段时间我的咨询室来了一个特殊的来访者——一个 30 岁就得了宫颈癌的女孩。

如此年轻就得这样的重病，原因是什么呢？

因为常年的情绪压抑。

女孩的爸爸是个非常暴力、强势的人，小时候对她们母女二人总是打骂和指责。相比之下妈妈特别胆小懦弱，习惯逆来顺受。当爸爸指责母女俩时，妈妈选择躲到一边，不去面对或独自一人离家出走。

她把所有的愤怒都指向了爸爸。多年过去，她已经"接受"了这个事实："现在我已经不恨他了——因为他本来就是这样的人，改变不了。"

对于妈妈，她则会努力地共情："我不怪她——她能怎么办呢？她自己都那么可怜，那么弱小。"

真的不怪吗？

我让她仔细回忆小时候的事情，她反复提到自己无数次在深夜，抱着妈妈的照片哭：妈妈"你在哪，为什么不来保护我？难道你不要我了吗？难道你不爱我了吗？妈妈，你是不是特别讨厌我，我是不是你的累赘？"

"妈妈，其实我很生你的气，为什么你把我一个人丢下？"

她没有恨吗？并不是。

因为太善良太弱小，所以选择不责怪他人，而是压抑自己。

很明显，童年的伤害是父母两个人造成的：一个是简单粗暴的父亲，一个是懦弱逃离的母亲。这两部分都是她各种负面情绪的共同创造者，但她把妈妈的行为合理化，压抑了对于她的愤怒、不满和失望。

到最后，内在就会出现了一个躯体化（Somatization，指一个人本来有情绪问题或者心理障碍，但却没有以心理症状表现出来，而转换为各种躯体症状表现出来）症状：宫颈癌。

任何的压抑，对于人的身体和精神的伤害都是巨大的。压抑会让自己浸淫在愤怒当中，压抑对于新的、美好事物的向往，压抑对快乐的允许，压抑对自我力量的释放。如此，你怎么能快乐呢？

所以，一个情绪成熟的人，绝不会压抑自己对于任何事情的真实感受。

心理成熟的标志之一：感受情绪，不要假装遮盖

我做团体咨询时，有一个成员痛哭着，讲述了自己经历的悲惨事件。

"你们有什么样的感受？"我问其他人。

"我觉得你不应该。""唉，我觉得你妈妈太坏了。""我觉得你老公太不懂事了。"

我又问："不要评价，只谈谈你们有什么感受。"

"我听完觉得自己也很悲伤，很愤怒，很无助。"

你有没有发现：**我们总是习惯于先评价。因为评价是获得安全感幻想的最佳途径。听完别人的故事，我悲伤、愤怒，转而就会焦虑、茫然，忽略对对方的感受，直接评价，但这个评价就一定是客观和真实的吗？**

不一定。

我的求助者里，有很多年轻妈妈。"我的孩子不听话，我的孩子有网瘾，我的孩子性格很暴躁，我的孩子……你说我该怎么办？你给我一个方法吧。"

对不起，我给不了。

因为给你一个方法，就是给你一个对孩子的评价，而这个评价，解决不了任何问题，且往往不准确、不客观。

我希望你去感受。

感受是对自我尊重的一个非常重要的标准。你要允许自己感受，识别自己的情绪，并允许自己在这种情绪里有一定时间的停

留。这是心理成熟的第一步。

如果你想直接找一个方法，跳过你的感受，把情绪假装遮盖过去，结果是：真实触发你内在恐惧、焦虑的原因，也会就此被永远掩盖。

如果我们总是用一个又一个的评价标准和答案，掩盖真实感受，又怎么可能会找到自己的核心脆弱，成熟又从何谈起呢？

心理成熟的标志之二：判断的独立

独立，是心理成熟的一个非常重要的标志。判断的独立，是**你要允许自己来判断。**

小时候，父母会说："这个同学是好孩子，他学习成绩好，所以你要跟她做好朋友，那个同学调皮捣蛋，那个同学是离异家庭，所以你要离他远一些……"

这时，我们是根据父母的判断来判断。

进入青春期后，我们需要进行自我判断。如果总是被干预和被打断："你不能这么想，您这样想是错的，你不能……"这种做法会直接影响到我们的自尊水平。

因为你总是错，因为你太小，因为你不懂，所以我来告诉你：我是为你好。

孩子就会觉得"我不够好，我不够成熟，所以才需要你指导"。自尊降低，慢慢演变成自卑。

成长过程中，我们会被压制很多想法，对方会强迫你跟他想

的一样。要求别人符合自己标准需求的人，处理的是自己内心的焦虑。

如果你被剥夺了对一件事情的判断和体验的权利，你的自我力量就会被削弱。

心理成熟的标志之三：决定的独立

你问另一半："今天晚上咱们吃什么？"

"啊，你决定吧，我也不知道吃什么。"

"咱们待会做什么呀？"

"啊，随便吧。"

一而再，再而三，你会愤怒，结果对方还很委屈："我都听你的，你还不高兴吗？"

你为什么会愤怒？

因为你把决定权交给对方的同时，也交给了他另外一个东西：承担责任。

对方做出"我不承担责任"的决定。很多人用"性格好"来解释这种表现，其实背后是因为他没有担当责任的勇气。

如果工作和亲密关系中，永远都是要让别人去承担责任，随着时间的累积，他就会感觉到有很沉重的压力感，直到有一天，无法或不想再去承担。

所以决定的独立性，意味着一个人是不是有担当责任的勇气。一个成熟的人，内在一定要有这样的责任意识。

心理成熟的标志之四：经济的独立

人活在这个世界上，的确需要钱。

很多人都说现在的女孩太物质，动不动就问："你有没有车，有没有房，一个月能挣多少钱？"

表面上看"一个月赚多少钱"是一个物质问题，其实却有着深层的心理动机。

两个陌生人，第一次接触时，不知道对方经济是否足够独立，无法判断他能不能融入这个社会，有一定的社交能力。如果经济不独立，谁给你钱？一定是你的父母或亲人。如果他们无节制地给予你经济上的支持，你回馈给他们的，有可能就是过度的依恋关系。

那么，成熟从何而来？

所以，我要告诉男生的是：当女孩子询问你经济能力的时候，先不要急着反感，或许这背后她需要了解的，是你的综合能力，是你有没有能力独立地活在这个世界上的一个答案。这也是我们衡量自己是否足够成熟的一个标准。

因为经济的独立，是成熟与否的非常重要的准则。

心理成熟的标志之五：有边界感

一个 50 多岁的妈妈，有一天来找我，她很绝望，说儿子跟她断了联系，已经半年没见，也不接电话，但他们同住一个小区。

"他谈了个女朋友后就变了。"她哭诉道。

以前，她每天要到儿子家里打扫卫生、做饭，为此还特意买了前后楼的两套房子，"我在我的房间里，就能看见儿子在干吗。"

当另外一个女人——儿子的女朋友出现时，她感到："我的领地受到了侵犯。"

但儿子觉得，"我需要有隐私，我需要独立，哪怕我受点累，但我是一个成年人了。"

儿子和女朋友试图去说服妈妈，"妈妈，我们的生活，自己真的可以处理。"

妈妈哭了："你怎么能这样呢？长大了，翅膀硬了，就不需要我了吗？"

这就是一个没有边界的极端例子。

我们这一代，很多人都背负着这样的精神负担："我这样做的话，我妈该不高兴了呀。""我这样做的话，我老公该生气了呀。"

没错，边界的出现，可能会让甜蜜产生一种孤独感，但同时，也产生了自我，要自己去承载自己，而不能把快乐和价值感只建立在另外一个生命体之上。

这恰好是我们成长的非常重要的基础。

他会在迫不得已的情况下，让自己以自我独立的方式存留于这个世界当中。虽然这个成长看起来撕裂而痛苦，但拥有这个边界，他才能独立思考、独立判断、独立决策。

父母也一样。他们有他们的快乐，你要相信，身边的人离开了你，也同样有独立快乐的能力。

有两类人，他们以儿童的方式存在于一个成年的躯壳当中。他们往往个人边界非常不清晰。

第一，自恋。

这种人不管别人说他好不好，他都依然能够让自己非常愉快地停留在自己认为的价值体系当中。他的边界已经蔓延到世界的每个角落。跟这种人在一起，会非常有压力感，因为他不允许你判断，不允许你独立，不允许你评价。

第二，依赖。

如果一个人过度依赖，就相当于放弃了自己的边界，而以你的思想为思想，以你的选择为选择，久而久之必会出现问题。

我有一个女性朋友，结婚 11 年，她先生突然提出离婚，离婚的原因是：他太累了。

她说："我没觉得我怎么样啊。"

但她的先生跟我说，"我妻子下楼买一根葱，要给我打个电话，问这个葱我是要买长的还是短的，粗的还是细的？她去坐公交车，要给我打电话，问我是坐公交，还是坐地铁？出差时我帮她把箱子里每一样东西都装好，然后她给我打电话说，你把我那个杯子搁哪儿了？"

"我累了。"

的确，这等于一个人是背着你一起去生活，慢慢地就会疲惫。如果你太过依赖，而放弃了自我，时间长了，就会出现两种结果：一种结果就是别人不堪重负，先撤了；还有一种结果，就是你觉得自己越来越没用，进入一个自我贬低状态中。请一定记住：心理成熟的人，是情绪成熟、个人独立、边界清晰的人。

要成为这样的人，必须勇敢行走在黑暗里：真实地感受和面对你的情绪，勇敢实现自己的经济和人格的独立，保卫自己和尊重他人的个人边界。

英国精神分析学家威尔弗雷德·鲁普莱希特·比昂说，当我们能够接受一定的不完美时，我们才有可能去看到美好的东西。

如果我们内心有黑暗，有缺失，正好，借此机会勇敢地在黑暗中行走、探索和打破，你会发现：拥有成为一个心理成熟的人的想法，本身就意味着，你是一个内在有力量的人。

这就是你成熟的起点。

壹心理

再糟糕的事情，
也能从中找到积极的意义

　　我们跟别人产生了联结，彼此给对方贴上了标签。但大家有没有想过，很可能你给对方贴了怎样的标签，你就是期待自己成为这个标签的反面。比如，你给对方贴的是自私的标签，它的反面是慷慨，也就是说，你想让大家认同你是一个慷慨的人。

负能量朋友是你吸引来的

　　L 小姐最近比较烦闷，原因跟她身边的两个朋友 A 和 B 有关。

　　朋友 A 经常三更半夜，给她打电话，抱怨自己的各种事情，比如，工作不顺利，男友对她不好。

　　更过分的是，有时 L 小姐因工作太忙，或正在做别的事情，没有接她的电话，晚一点再打过去的时候，朋友 A 就开始抱怨："为什么你不接我电话，你是不是不想听我讲话？"

往往 L 小姐嘴上会极力否认、解释，然后把话题引到朋友 A 的烦心事上。

L 小姐笑称，她是朋友 A 人生大事的重要见证者。

不仅如此，朋友 A 还会不断地用同一种方式向 L 小姐讨要东西。

通常，她不会直接向 L 小姐要，而是用较为婉转的方式，夸赞这个东西很漂亮等等。L 小姐又是一个大方的人，对朋友相当热情。所以，在看到朋友 A 羡慕和渴望的眼神时，L 小姐会不自然地说："既然你这么喜欢，那就送你了。"

朋友 B 跟朋友 A 较为类似，一旦在工作和家庭上受了委屈，都会来找 L 小姐吐槽，因此，她觉得她一直在做类似心理咨询师的工作。

不要把朋友当垃圾桶

虽然 L 小姐表面上在倾听，安慰她们，但内心恨恨地想，为什么她们两个都丝毫不顾及我的感受，拼命倒垃圾给我，而且，总是在失意的时候想起我，难道我长着一张"免费接受吐槽"的脸吗？更可气的是，如果我生活中遇到了难题，想请她们帮助时，她们两个没有一个愿意伸出援助之手，真是心寒，她们简直太不够意思了。

有一次，L 小姐正跟男友约会，两人很高兴地吃着浪漫的烛光晚餐。突然，朋友一个电话打过来，哭得很伤心。

L 小姐一听哭声，拒绝之词又咽了回去。

以至于男友都有点忍受不了："你好像她们两个人的妈。"

每个人都有自己的忍耐限度。有一次，L 小姐真的生气了，跟对方撂了很多狠话。对方听后，消停了几日，但也只是几日而已。

之后，她们又充满委屈地找 L 小姐聊自己的事情，这激发起了 L 小姐的愧疚感，觉得自己不该说狠话，她们也是有苦衷的。

L 小姐跟朋友 A 和 B 是四年的大学同学，工作三年后仍有联系，也就是说，她们三个至今为止已有七年的交情了。

最后，L 小姐找到了我，对我说："我已经快被她们两个逼疯了，为什么我身边有这样的朋友？"

我的心理咨询是有偿的

L 小姐问这个问题的时候，我们并不是咨询师和来访者的关系，就像朋友一样聊天。

于是，我给她讲了我自己刚做咨询师时的故事。

做咨询师一年多，我的朋友变得多起来。

很多人请我吃饭，找我聊天。

说实话，那时候，我蛮开心的。他们来找我，说明我懂得比他们多，所以，我也很耐心地听他们讲烦心事，偶尔帮他们出出主意。

当我给出的主意被朋友们认同时，我的内心感受特别好。

这种情形持续了两三个月。

那段时间，我发现自己消耗得特别厉害。有一回，在跟十几个朋友吃饭后，我问了自己一个问题："我到底在做什么？"

每次朋友们请我吃饭的时候，我都觉得那餐饭吃得很辛苦。尽管饭桌上的美食很多，我也很爱吃，但在吃的过程中，我都要听对方的烦心事，没办法安心地享用一顿美食。

这样，就有点复杂了。如果说这是一场饭局，可我又没办法像正常朋友聚餐那样，轻松地吃吃喝喝、说说笑笑。如果说这是一个心理咨询，可我又没办法集中精力，全心全意对待对方。

这到底是一场饭局，还是一个咨询？

事实上，心理咨询师特别需要拥有独处的时间，去休息，去做一些自己喜欢的事情。

这件事，我跟我当时的督导师讨论过。

我："很多人都认为我是好人，也很感激我。"

督导师："在这中间，你能获得什么？"

我："他们请我吃饭，吃人嘴软，拿人手短。"

督导师："如果你想获得这些，或许不一定要用这种方式。当你在倾听别人的困惑时，难道不觉得自己是以一个心理咨询师的身份在做这件事吗？而你的心理咨询是需要收费的。"

我听后，愣了一下。

每个人都有一个理想化的自己

跟 L 小姐分享这个故事的时候，我跟她说，我愿做这件事，是有几个原因的。

原因一：我感到自己被别人需要。

心理咨询师的身份给我带来的价值非常高。

当别人知道我是心理咨询师时，他们会较为容易地认同我。但是，他们认同的不是我这个人，而是我的身份，这两者是有区别的。

而我作为一个人存在的时候，自我价值感并不高。

所以，我需要用心理咨询师的身份来获得别人对我的价值认同，即使他们可能并不需要胡慎之这个人。

原因二：作为刚跨入行业一年多的新手，我希望听到更多的故事，积累更多的经验，得到一些我需要的东西。

原因三：被人喜欢的感觉特别好，而且，这一点对我来说，蛮重要的。

每个人都有一个理想化的自己，我理想化的形象是：一个被人喜欢的人。

最重要的是，在被别人喜欢的同时，我也帮他们解决了难题，同时，我能明显感到自己的能力越来越强了。这些感受和发现带给我良好的确信，让我确信自己是不错的人。

种种原因，让我做了这样一件事。

在一段关系里你不能说"不"，
这段关系一定是取悦的

督导师继续跟我讨论。

督导师：在这过程中，你消耗了什么？

我："说不上来。可能我希望别人认为我是一个好人，我在讨好别人，所以，我不会拒绝别人对我的邀请。"

督导师："当你遇到一个有困惑的人时，你的第一反应是什么？"

我："我要去帮助他。"

督导师："这让你想到了什么？"

我："我从小就在扮演一个帮妈妈解决难题的人。妈妈带我和弟弟两个孩子非常不容易，爸爸经常不在家，弟弟又经常生病。只有在我帮妈妈做一些事情时，妈妈的脸上才会露出难得的笑容。平常的状态，妈妈呈现出来的是焦虑的神情。"

跟 L 小姐讲完这些，她似乎一下子明白了很多。

第一，她跟朋友交往的过程中，也消耗了很多。

这种消耗，主要表现在有心无力，常常感到无助，尤其是当 L 小姐说话，对方没有任何回应时。

基本上，朋友 A、B 讲的问题是像复读机一样的不断重复，再重复。这让 L 小姐有一种精力快耗尽的感觉。

第二，相比较他们给我的好处，自我的消耗反而要多得多。

L 小姐本来可以用听他们抱怨的时间，去陪男友看一场电影，看一本书，参加感兴趣的活动等。

有时，朋友深更半夜打电话来，还牺牲了 L 小姐的睡眠时间。

最关键的问题是，在心理上，L 小姐时常提心吊胆，生怕她们不开心，小心翼翼地对待她们，尽量满足她们提出的所有要求。

其实，当朋友交往成这样时，朋友的真正意义也就消失了。

交朋友是为了什么？

人生而孤单；

我们每个人都需要归属的感觉；

交朋友可以达到这种目的。

第三，朋友是资源的互补。

从功利的角度看，生意场上交朋友更多的是彼此间的资源互换，即你有资源，我也有资源，我们合作去做一些事情。或我们是朋友，可以分享各自的东西，彼此支持去做一些事情。我称这为"支持性资源"。

在做危机干预的时候，一般情况下，我们会在一个人遇到危机后，第一时间，寻找他们内心可以支持他的资源。

第四，人与人在交往的过程中，一定有交换原则。即我们在这段关系里都投入了一定的东西，然后能收获自己想要的东西，且投入和收获相互间基本上是平衡的。

交换原则不仅适用于朋友关系，还适用于夫妻关系、恋人关系。甚至亲子关系也有一定的交换原则在里面。

如果一方不断地投入，消耗自身资源，为了满足另一方，这就叫取悦。

取悦的关系是怎样的？

很简单，在一段关系里，你不能说"不"。那么，这段关系一定是取悦的。

在取悦的关系里，有控制因素

我们都知道，在取悦的关系里，有控制因素。比如，监狱里的犯人是没法对管教的人说"不"的。一旦说"不"，严厉的惩罚便随之而来。

换言之，L小姐在跟朋友的关系中也说不了"不"，一旦说"不"，内心就有愧疚感，需要做更大的补偿才能弥补回来。

为什么有了愧疚感后，需要做补偿呢？

因为如果我们说了"不"，对方就会痛苦，而这种痛苦，我们会觉得是自己带给对方的。为了弥补对方，我们会用补偿的方式。

越拒绝，越愧疚，越补偿。越补偿，越拒绝，越愧疚，形成了一个恶性循环。

L小姐内心也有这种循环，她一直渴望这样一种结果：我什么都满足你们，对你们好，你们不要离开我。如果你们离开了我，你们就是没良心的坏蛋。

朋友被L小姐牢牢地绑在身边。

我问她:"如果她们以后碰到事情都不打电话给你,你是什么感觉?你的生活会发生什么变化?"

L 小姐:"我的生活会变得很好。"

我:"好在哪里?你有没有想过一些细节?在你忙自己事情时,如果她们没有来找你诉苦,你也没有牺牲自己很多的时间精力,那么,这个归因就没有了。这时,你的生活是怎样的呢?"

L 小姐:"我需要思考一下这个问题。"

如果不愿远离负能量的朋友, 你也可以改造他

现在网络上很多人倡导,要远离负能量的朋友。

对 L 小姐来说,朋友 A 和 B 就属于负能量的朋友。她们的生命中充满各式各样的抱怨,非常负能量。

假设,你的身边也出现了类似充满负能量的朋友,也许,你也该思考一下,在跟他们相处的过程中,你获得了什么?

人与人之间的相处就是这样微妙。

L 小姐从负能量朋友身上获得的恰恰是隐藏着的优越感。在比较中产生优越感,同时,在比较中收获满足感。

人在追求优越感的同时,可能就是在消除自己内心深处的自卑感。

L 小姐在跟两位负能量朋友的相处中,习惯性地用居高临下的态度去对待她们。她们三个人聚在一起,各取所需。

当你发现,你的身边也有抱怨的负能量朋友时,他们可能是

被你吸引来的。他们来的目的，是在成全你缺失的某些东西。

我一天的工作比较满，于是跟我的同事说："今天的工作比较满，有点累。"

那位同事在微信上回了一句："你的工作量蛮多的。"

我说："我压力好大，不过，好在我能面对这些。"

于是，同事安慰我，保持积极乐观的心态就可以扛过这些压力了。

我开玩笑式地说："友尽，走好，不送。"

然后，他以为我生气了，在一旁解释。

我说，其实当我在这样表达的时候，希望的是有一个人能看见我。如果你用另一种表达方式，我会感到被看见了，被共情了，如：我知道你压力很大，要完成很不容易，但好在你做到了。如果你这样表达，我的心里会舒服很多。

我们都渴望被懂得

每个人内心都有一种渴望，渴望被别人理解和懂得。

但你若站在自己的角度思考问题，表达自己的看法，认为自己是一个蛮不错的人，那这更可能是一种自恋式的表达，因为你眼里心里都没有看到对方，你看到的只有你自己。

实际上，你只想自己成为一个不错的人，而忽略了别人的感受。

L 小姐和朋友 A、B 都没有看见对方，也没有成全对方，更像是自己与自己的一场对话，这导致他们的关系没有建设性，互相给不了对方滋养。

在一段关系里，你得不到滋养，很可能在于你没有看见对方。

谈话结束后，L 小姐分别告诉了朋友 A、B，"我希望有自己的生活，你们的事情，有一部分我帮不了。若你们真的需要帮助，可以寻求专业人士的帮助或其他的途径。"

她说完那番话，相当于拒绝了她们释放的负能量。之后，这两位朋友就在她的生活里消失了。慢慢地，越来越疏远。

很久之后，她们再次见面，L 小姐发现，朋友 A、B 离开了她，依旧过得很好。这时，L 小姐才意识到，负能量朋友并不是离了我就不行，很可能她们的存在恰恰是我吸引过来的。

看到这，大家不妨思考一下，你身边存在的每个人，带给你的意义是什么？

再糟糕的事情，也有积极的意义

每个人带给我们的感受都不一样。

我们跟别人产生了联结，彼此给对方贴上了标签。但大家有没有想过，很可能你给对方贴了怎样的标签，你就是期待自己成为这个标签的反面。比如，你给对方贴的是自私的标签，它的反面是慷慨，也就是说，你想让大家认同你是一个慷慨的人。

这种方式有助于我们认识自己，了解自己。

当你跟 L 小姐一样，一直处于一段付出的关系中且长期纠结时，很可能，你在这段关系中获得了你需要的好处，只是不愿承认罢了。

其实，当你在一段关系里感到消耗太多的时候，你完全可以离开这段关系，祝福对方，彼此安好，便是晴天。

如果你一边待在一段付出的关系里抱怨不止，一边又找各种理由，证明自己无法脱离这段关系，那就说明，你很可能从这段关系中获益了。

我们在做危机干预的时候，有一句特别好的话，想送给大家：再糟糕的事情，我们也能从中找到积极的意义。

胡慎之，客体关系心理学家，向日葵心理创始人，微博：@胡慎之心理。

Chapter 5

一生只能爱一个人吗

亲密关系的杀手：付出感

　　当一个人在关系中不断牺牲自己、辛苦付出，会累积越来越高的道德资本。道德资本像一座堤坝，拦截了爱和亲密的流动；道德资本越高，这个关系越趋近死亡。

　　一旦发现自己有付出感，就提醒自己，醒一醒：我真正想要创造什么样的生命体验？做这件事情，是我自己想要的吗？

　　我们经常听到这样的抱怨："我为这个家庭付出那么多，为什么他（她）却背叛了我？"几乎每年都会有类似"当代陈世美"的新闻出现：妻子辛苦赚钱养家，一心供丈夫在外读书，熬到丈夫毕业，丈夫却出轨，甚至要求离婚。

　　对此现象，大众和媒体通常会谴责："这种男人忘恩负义，是无耻之徒。"做道德评判总是很容易的，可是道德评判不能解决任何问题，也永远无法挽救一段关系。

亲密关系不是责任关系、义务关系

两性关系，有另一个名称，叫亲密关系。为什么叫亲密关系，而不是责任关系、付出关系、义务关系？顾名思义，**维系两性关系最重要的，是亲密感。有亲密感，两性关系自然能维持下去；没有亲密感的婚姻，通常只有两种结果，离婚和出轨。**

作为心理导师，我接触了大量婚姻关系案例。悲剧的现实是，**很多婚姻都已经不再是亲密关系，只是责任关系、义务关系、亲情关系甚至利益关系。这样的关系中，只要稍有资源，不再为物质生活发愁的人，大部分都已经出轨，剩下的正在筹划离婚。**

什么叫亲密？亲密是两人之间有呼应，情感能量可以流动的状态。

列举一个细节：当老婆说想要吃苹果，老公立刻呼应一声，开心地把苹果递过来，这就是亲密。如果是老婆觉得有义务为家人付出，像完成一道程序那样，每天为老公孩子削好苹果，并劝说老公、孩子每天吃一个苹果，因为书上说苹果营养丰富，可以补充维生素。后者的过程中，就没有亲密，削一辈子苹果，也不会创造幸福流动的感觉。

当我们能够在家庭中创造幸福快乐的体验时，不需要任何感恩教育，快乐的人就自然会感恩亲人朋友，甚至感恩整个宇宙。如果没有快乐，感恩教育会变成沉重的道德枷锁，把每个人锁在彼此牺牲、彼此消耗的关系中。

是什么原因让很多婚姻都变成了"非亲密关系"？

亲密的能力，最初来自于童年我们与父母之间的关系，尤其是母婴关系。当婴儿向母亲微笑时，母亲也情不自禁地微笑，这种情感能量的呼应，就是亲密；当婴儿哭泣，母亲第一时间冲过去，安抚陪伴哭泣的婴儿，这就是亲密；当婴儿吸吮着乳汁，甜甜地在母亲怀里入睡，这就是亲密。

由于种种原因，很多婴儿与母亲的亲密依恋得不到满足，不得不过早学会自我安抚，成就了一批又一批精神上的"失联孤岛"。所谓的"宅男"，就是这么产生的。

失联的孤岛，因为过早失去了亲密依恋体验，成年后也不知如何与人建立亲密关系。于是发展出各种策略，心理学上叫作"防御机制"，来避免在关系中被抛弃。这些策略，并不一定能被清晰地意识化，很可能像木马程序一样，暗中操控了自己的一生。

男人最常见的防御机制是："我要更成功，赚更多钱，女人就不会离开我了。"女人常见的防御机制是："我要努力照顾家人，为家庭付出的越多，就越不会被抛弃。"此外，常见的防御机制还有："我若可爱、性感、漂亮，就不会被抛弃。""我学识若高，有涵养，隐忍克制，就不会被抛弃。""我若足够弱小，楚楚可怜，依赖对方，对方就会可怜我照顾我，不会抛弃我。"

这些策略，都是在童年保护我们活下来的信念。比如，在重男轻女的大家庭，作为女儿，尤其是中间的女儿，是家庭中得到父母关爱最少，最无足轻重，甚至是被父母厌恶的人。若想生存下来，通常她要勤俭节约，辛苦干活，帮父母分担家庭重担，才能得到一点立足之地。童年的生存策略，烙印在潜意识里，成了控制自己一生的信念：我必须辛苦付出，才能获得亲密关系。

为什么越付出，亲密关系危机越大

带着童年的烙印走进亲密关系，女人常常有这样的困境：**越是感觉到婚姻中有危机，就会越付出。然而，付出越多，婚姻的危机越大。**

比如辛苦供养丈夫读博，最后却被丈夫背叛，并起诉离婚的温州林女士，在法庭上，丈夫哭诉了很多婚姻当中的痛苦感受，比如在生活细节上感觉被妻子全家瞧不起，这些痛苦感受都被写进信里，林女士看了却跟没看过一样置若罔闻，为什么呢？林女士的回答是："我平时忙着照顾家庭，没更多精力，看了也就忘记了。"

林女士的潜意识信念是："我只要不断辛苦付出照顾家庭，我就能维持这个婚姻。"这个信念像魔咒一样，控制了林女士的生命，让她看不见真实的婚姻关系，看不见真实的老公。真实的老公从未嫌弃林女士付出的不够多，他急需情感交流，沟通婚姻中的感受。然而被潜意识魔咒控制的人，听不见对方，也看不见对方的真实需要。

真实的情感需要，没有被看到，无法流动，情感的河流日渐干涸，出轨或者离婚，就成了自然而然的事情。人的内心深处渴望亲密，就像鱼儿渴望水一样，若在婚姻中总是得不到，最终只能外求。

不幸童年造就潜意识魔咒，让很多女人相信，我付出得多，如果对方想离开我，他就会很内疚，于是就不会离开我。而事实是，**内疚感是人类最不愿意承受的感觉**，所以古有剔骨还肉一说，现有很多男人宁可净身出户，也要离开这段婚姻。

当一个人在关系中不断牺牲自己、辛苦付出，会累积越来越**高的道德资本。道德资本像一座堤坝，拦截了爱和亲密的流动；道德资本越高，这个关系越趋近死亡。**

若一个人自我牺牲，累积道德资本到达"道德圣人"的极端程度，通常肢体和面部表情僵硬，怨气冲天。付出感必然伴随怨气，付出越多，怨气越重。可以想象，这样的道德圣人，必然最终成为孤家寡人，因为没有人愿意接近怨气重的人。

没有爱的付出，只能损自己耗别人

如果关系中觉得自己是在付出和牺牲，含义是"我"不爱这个关系。

想象一下，女人遇见商场打折，血拼一天，腰酸腿痛，哪怕大多是买给家人的东西，这个女人也不会抱怨："我今天为了这个家付出，非常辛苦。"

大家都知道，有些女人爱逛街，再辛苦，精神上也愉悦，因为在喜爱做的事情上，无论花费多少时间和精力，都是快乐的。

同样，当我真心爱对方时，花三个小时为对方准备晚餐，心里甜蜜蜜；熨烫他的衣服，也是一种享受。当然，每时每刻享受当下，这个不可能，偶尔发发脾气、抱怨几句也在所难免。但整体上，当我心中有爱的时候，不会觉得自己是在为对方牺牲和付出，因为这是我自己真心想要的生命体验。

如果我体验不到爱的流动，为这个关系做一点事情，都是在损耗自己的能量。所以，我会期望对方感恩自己的付出，不要离开我，因为我已经为了你，损耗自己很多了。

如果你经常在关系中觉得自己在牺牲和付出，有怨气产生，那么仔细觉察一下，你的潜意识被什么魔咒控制？不幸的童年写给我们的"魔咒"是可以解除的，这需要我们在生活细节中不断觉知。

一旦发现自己有付出感，就提醒自己，醒一醒：我真正想要创造什么样的生命体验？做这件事情，是我自己想要的吗？

比如做饭时，若发现自己在抱怨满屋油烟很呛，可以回到内心，问问自己，我想要做这顿饭吗？如果想，就带着爱，享受给自己和家人做饭的感觉；如果不想，就出去吃，或者叫外卖，也是很好的选择。

同样做一件事情，我们可以选择，是活在"为别人付出"的妄想牢笼里，还是为自己而活的自由意志中。

当我们能够从潜意识的魔咒中醒来，成为一个心理上的成年人，为自己创造内心真正想要的生命体验，自然能够建立起亲密流动的关系。更重要的是，我们不再是潜意识魔咒里那个害怕随时被抛弃的孩子。

　　成年人之间，不存在抛弃与被抛弃，只存在合适与不合适。当我成为心理上的成年人，没有人可以抛弃我，我无需讨好对方，只是尽情为自己去创造丰盛、亲密、流动的人生体验。

　　李雪，童年我们如何被养育，决定了我们跟财富的关系。如何改善自己跟金钱的关系，给孩子一个轻松丰盛的未来，扫描二维码，收听李雪老师在线课《富养自己，富养孩子》。心理咨询师，畅销书《当我遇见一个人》作者。

"门当户对"真的好吗

只有当你能给的和对方想要的相吻合，两个人才能愉快地相处。否则，你再努力、再过度讨好，也无济于事。

是什么影响了我们的情感？

是什么影响了我们对伴侣的选择？

"在一起"是怎样的心理过程？

门当户对真的有必要吗？

为什么亲密如此重要？

每个人生命的最初，就是与母亲在一起的。亲密，是我们最原始的状态。只是随着我们逐渐长大，不得不面对越来越多的分离。有些人受伤之后，学会了享受孤独，但是生而为人，我们内心深处，永远保持着最天然的寻求亲密的本能。

人为什么这么"贪心"

所有女人，都有一个王子梦。所有男人，都希望娶一个能让自己成为国王的女人。可为什么现实却总是残酷的？

我们先来做一个测试。

请拿起纸笔，回答下面三个问题：

（1）你理想的伴侣是什么样子的（性格、相貌、学历、收入、背景、爱好、处事方式等等，越详细越好）？

（2）你认为以你现在的状态和条件，自己能找到的最佳伴侣是什么样子的（同上，写得越详细越好）？

（3）如果你是一个满足题（1）或题（2）全部条件的人，你会选择什么样的人做你的伴侣？

如果你认真做完这个测试，你或许会发现，对于大多数人而言，所列出的理想伴侣的条件，往往高于我们最终能找到的伴侣的条件。

而第三题的答案最为有趣。换位思考一下，如果你是一个满足题（1）或题（2）全部条件的异性，你会选择答题的人做你的伴侣吗？通常不会。你想要的伴侣各方面（至少很多方面）都优于答题者。

这就是亲密关系中人们经常遇到的问题，也是亲密关系的秘密——我们总是高估自己的状态和条件，幻想自己能够拥有一个实际上很多方面（甚至各方面）都优于我们的人。这也是为什么那么多人在亲密关系中，并不快乐和满足的原因。

人为什么这么"贪心"呢？进化心理学家认为，我们对伴侣的选择，是为了拥有数量更多、基因更优的子嗣，所以我们当然希望找到更好的伴侣，共同繁衍、养育后代。

只有当你能给的和对方想要的吻合，
两人才能愉快地相处

什么决定了我们会和什么样的人在一起？

以色列美籍心理学家丹·艾瑞里 (Dan Ariely)，用一个简单的实验，向我们阐释了男女关系中的现实考量。

Dan Ariely 制作了 100 张卡片，卡片上分别标记 1 到 100，共 100 个数字。邀请 100 位大学生，男女各半，将单数的 50 张卡片给男生，双数的 50 张卡片给女生，贴在各自的身后。

每个人只能看见别人的编号，而不知道自己的，也不知道最大数是 100，最小数是 1。实验要求每个人在非常有限的时间内，找一个异性配对。两人编号数字相加，得到"两人编号数字总和"乘以 10 的奖金。总和越大，得到的奖金越多。

比如，80 号男生找到 70 号女生配对，那么两人可以获得 $(80+70) \times 10 = 1500$ 美元奖金。如果 2 号女生找到 3 号男生配对，那么两人只能拿到 $(2+3) \times 10 = 50$ 美元。实验过程中允许交谈，但不能把对方编号告诉对方。

这很像选择结婚对象——我们在自己价值有限的基础上，要选择一个条件最好、价值最高的伴侣，以期获得最高质量的子嗣——实验中最多的配对奖金。

实验开始时，由于大家都不知道自己的数字，因此首先就是观察别人，分数高的男生和女生，很快就被大家找出来了。比如 99 号男生和 100 号女生身边很快围了一大群人，大家都想说服他们和自己配成一对。

99 号男生和 100 号女生就是我们平时所称的"男神""女神",他们虽然不知道自己的分数具体是多少,但他们知道一定高于平均值。由于追求者众多,"男神""女神"们开始变得比较挑剔。

很多碰壁的追求者只能退而求其次,原本目标是找 90 以上的人配对,慢慢地发现 80 以上的也可以了,甚至 60 以上的也能凑合——毕竟奖金再少,也好过没有,而单身一人是拿不到奖金的。况且,再不抓紧,连 60 分的人都没有了。

在最后的倒计时阶段,还有少数人没能成功配对,这些人无奈之下,只能草草找人,完成任务。当然也有坚持不配对,单身结束游戏的大学生。

这个游戏与男女关系的现状极为相似。有些人年轻的时候,一直希望找一个"完美伴侣",不料人到中年,这个人还没出现,心下着急,于是降低条件,尽快潦草地找一个"合适的"。当然也有人不愿妥协,不愿失去"尊严",如果得不到理想品质的后代和最理想的生活,宁愿终生单身(即使得不到奖金,也坚持不配对)。

实验中,那些数字太小的人就不那么走运了,他们到处碰壁,总是被拒。但是挫折之后,他们学会了和对方商量,如果你愿意和我配对,那么拿到奖金的时候,我愿意给你更多。

类似于现实中的婚姻交易。"我知道自己配不上你,但是为了让你和我在一起,我愿为你付出更多"。更为严重的,即我们俗称的"过度讨好"。

过度讨好，无非是想为自己争取价值更高的伴侣，不惜在其他方面多付出一些努力。只有当你能给的和对方想要的相吻合，两个人才能愉快地相处。否则，你再努力、再过度讨好，也无济于事。

即便你价值非常高，但贪念会让你很快掉价

心理学家在实验中发现，绝大多数人的配对对象，背后的数字都非常接近自己的数字，两人数字相差 20 以上的情况非常罕见。

当人们根据自己受欢迎的程度，为自己定位，对自己能够找到一个什么样的伴侣，有一个比较客观的预期之后，最终伴侣，是条件基本相当的。这也印证了长辈推崇的"门当户对"。

当我们对自己有客观的评价，对伴侣的期待也就不容易过高或过低，这时，两个人在一起，满意度是最高的。

观察上述实验，可能有人会想，如果我是 100 或 99 号的男女就好了！有那么多人供我选择，多么幸福！但实验结果并非如此。

猜猜 100 号女生的配对对象是谁？ 99，97，95 号？都不是。最终与她配对的，竟然是 73 号男生，两人相差 27 分！

为什么会这样？原来 100 号女生被众多追求者冲昏了头。她不知道自己是 100 号，也不知道 100 已经是最大值，所以在有限的时间内，她一直想寻找更大数字的男人，等到大家配对完毕，她才开始慌了。

于是，她在剩下的男生里，找了一个数字最大的，就是那位 73 号幸运儿。她也尝试过寻找 90 以上的男生，但是大家都已经有女伴了，男生们不会为了几美金而背信弃义，损害自己的名声，抛弃现有女伴，和 100 号女生在一起。

所以，**即便你自身价值非常高，自带闪亮光环，贪念和自我膨胀都会让你与幸福擦肩而过。**

我们有时会被宠爱和关注冲昏头脑，但知足，才是幸福的秘诀。

实际上，我们每个人在遇到一个异性时，都会出于本能，开始判断对方的价值，这通常是无意识的。

那么究竟什么样的人价值高，什么样的人价值低呢？或许每个人选择伴侣的标准不同，每个人都有自己的价值判断，所谓萝卜白菜，各有所爱，不仅仅是身后那个简简单单的数字作为标准。

为什么金钱会成为这个社会当中，人们衡量男性价值的标尺之一呢？因为一个人能够取得的财富，一定程度上，代表了一个人的能力——智商、情商、知识、背景等。但**"财富"实际上不仅仅包含金钱，还包含内心的丰盛、平和与满足感，然而很多人会忽略内在的品质，只看重外在的经济条件。**

每个人看重的东西是不一样的。对于很多女性来说，男人的能力决定后代的素质和基础，有能力的男人，可以为后代提供更好的生活和发展条件。但也有很多事业成功的女性，不太看重男人工作上的能力，而非常重视男人是否顾家、有趣，是否疼老婆、爱孩子。对她们而言，没有必要把为后代创造更好的生活条件，寄希望于男人。她们需要男人提供的是温暖、耐心和时间。

如果请大家列出自己选择伴侣时，最看重的 10 项特质，并为之打分，那么每个人的清单都会大不相同。不同的人，会拿着各自不同的清单去寻找中意的伴侣。从这个角度而言，每个人的价值都是平等的，不存在条件的好坏高低之分。

爱情，就是彼此能满足对方的需要

爱的前提是自己先成长。

正如文章开篇所述，如果你对理想伴侣有所期待，那么请设想，如果你是这个异性，你会选择什么样的人做你的伴侣？什么样的性格、举止、样貌？

接下来，请对照自己，这样能很容易地知道，自己需要提升哪些方面，才能更容易吸引理想的伴侣。

即使你还没有遇到中意的伴侣，也请不要慌张，相信自己一定有某些突出的、美好的特质，这些特质可能不被一些人看重，但一定有人需要和欣赏。

爱情的产生，源于彼此能够满足对方的需要，然而需要是多样性的，我们不需要拿自己（尤其是外在）去和其他人比较。如果感情失意，没关系，一方面请不要否定自己，这并不意味着你不好，只是因为你和那个人的需要无法匹配；但另一方面，我们也要常常换位思考，看看自己还有哪些方面可以提升。这才是一段有价值的感情。

所以，修好亲密关系这个功课，我们需要时刻记得：关系中没有谁好谁坏，每个人只是特质不同、需要不同罢了。在亲密关系中，最重要的，是不断成为更好的自己。

　　黄骐，心理咨询师、培训师、自由撰稿人和同声翻译，国家首批认证萨提亚家庭治疗师，国际认证灵性舞蹈培训师，印度多元大学认证静心导师、带领者，北京外国语大学心理学讲师。

婚姻中，
最毒的伴侣并不是会出轨那种

逃避的伴侣是婚姻中最毒的一种伴侣，他们会让另一半感觉自己虽然结了婚，却越过越孤独。

家有"悍妇"真的如"虎穴"吗

在我的印象中，张涵是个特别好的男人——在顶尖咨询公司工作，工作体面收入高，为人温文尔雅，从不发火，关键对太太还言听计从。

但是张涵的太太却是个"悍妇"，认识他们夫妻的人都说他是"妻管严"。张涵太太挺胖的，常常气呼呼的脸让她看上去特别"凶恶"。很多人私下替张涵抱不平，甚至有人说如果张涵找个"小三"，踹了太太，大家只会为他鼓掌，不会替他太太申冤。

据说张涵和太太是大学同学，年轻时太太长得也很美，是系里的"五朵金花"之一。婚后渐渐变得邋遢起来，而且结婚之后她身材就开始发胖，且一发不可收拾，脾气也像身材一样越来越庞大。张涵加班多，出差多，每次加班出差太太的电话总是不断，大家只听见电话这头的张涵"嗯嗯"地应承，一边手上还忙着工作，一边敷衍地对着电话回几句，不久之后电话那头的声音就越来越大——大家都知道，张涵太太又开始吵了。

张涵工作上特别积极，总是抢着出差、加班，大概也是不想回家面对咄咄逼人的太太。偶尔和同事在外面喝酒，聊起家里那位也是唉声叹气，欲言又止。朋友们也知道他太太的凶悍——张涵晚上不能玩得太晚，否则回家后太太连朋友一起骂；张涵不能随便带朋友回家玩，否则太太脸色比家里死了个人还难看。有些和张涵关系特别好的哥们儿甚至悄悄暗示张涵离婚算了。

然而，张涵还没有提出离婚，太太先提出来了。

理由很简单，两人性格不合。

据说张涵还挣扎过一段时间，不过太太铁了心要离婚。周围的人都鼓励张涵——以你的条件绝对能找个比她好的，她离了你绝对找不到比你好的，过几年有她哭的。看太太也不打算回心转意，加上周围人的劝说，张涵也想通了，不久两人协议离婚。

两人也没孩子，婚后财产对半分割，很快就解决了。

张涵恢复单身以后，朋友们就开始帮他撮合。张涵长得不错，收入又高，相亲的姑娘络绎不绝。不到一年，张涵就和一个叫小谭的姑娘在一起了。小谭比张涵小八岁，文静美丽，关键是她对张涵充满了崇拜。和小谭在一起，张涵感觉到了久违的"优越感"，两人在一起时张涵一反常态的"话多"，每次看着小谭一脸崇拜地倾听，张涵恨不得把自己的"人生经验"都讲给她听。

不到一年，两人就结婚了。

遇上对的人，"悍妇"也能成贤妻

张涵前妻离婚后不久也结婚了，据说对方是个大学老师，教社会学的，脾气比较暴躁。两个脾气暴躁的人在一起会怎样呢？自然是三天一小吵，五天一大吵。听邻居说两人经常吵得鸡飞狗跳甚至还会动手。

故事如果到这里就结束，应该是个让大家拍手称赞的故事——好男人和有情人终成眷属，悍妇自然没有好归属。

然而三年后，有人又见到了张涵前妻，说她简直像换了个人似的。不仅瘦了很多，穿着打扮也讲究了不少，年级虽然大了，但有了成熟女人的风韵，似乎又能看出年轻时的娇美。和现在的丈夫站在一起，挽手说笑，特别甜蜜。有着他前妻朋友圈的人也说，她和现在这个丈夫似乎特别爱旅游，丈夫只要放假，两人就到处旅行，婚后这几年，似乎已经跑了不少国家。不是说婚后常常吵架吗？据说刚结婚那阵是常吵，可是好像越吵越好，这几年两人已经不吵了，大概是结婚头三年把一辈子的架都吵完了。

有种人能将伴侣逼成"恶人"，
而自己却当着别人眼中的"受害者"

张涵这边又怎么样了呢？

很不幸，小谭婚后似乎渐渐变成了他的前妻，不仅没有了婚前的温柔恬静，还常常抱怨数落张涵，整天打电话追踪张涵行踪。而且据说小谭也开始越来越不修边幅，结婚前还是一个十分有情调的女子，婚后可能受到张涵影响，只关注理财、股票，曾经的灵气渐渐丧失殆尽。

有人觉得张涵太倒霉——老实男人总是遇到悍妇。还有人觉得小谭婚前真会装，看起来文文静静的样子，谁也想不到婚后又是一只母老虎。

但是，真的是张涵前妻和小谭的问题吗？

你信不信这世界上有种人能够将伴侣逼成"恶人"，而他们却楚楚可怜的当着别人眼中的"受害者"？

其实张涵就是这样的"恶人"，只是他，并不自知。

逃避的伴侣是婚姻中最毒的一种伴侣

我们都是带着原生家庭的烙印和对婚姻的期待走进一段婚姻的，最初几年，夫妻双方的冲突更像是两个原生家庭的磨合。

此时夫妻吵什么并不重要，重要的是如何回应彼此的"消极情绪"。理解性、支持性的回应固然是最好的，但是能做到这一点的人并不多；用愤怒去回应的人占大多数，虽然这种回应方式一直持续也会给关系造成很大损害，但是却比"逃避"或者"毫无回应"的方式好太多。

张涵这种伴侣的毒，毒在不给对方回应。每一次吵架，张涵总是逃。用他自己的话就是"和女人有什么好吵的？"或者"我说不过她当然只有闭嘴"。小谭曾经也对朋友抱怨："结婚前整天说不完的话，还教我工作时该做什么，怎么搞好同事关系，结婚后变成闷罐子了。我为了和他有话讲，还专门跑去学理财，结果他和那些狐朋狗友聊得不亦乐乎，和我在一起就无话可说。家里的事情既不管也不参与，问他意见就是轻描淡写的来一句'随便你''无所谓'。连吵架都像我一个人在唱独角戏。"

很多夫妻是在尝试和伴侣连接无果的情况下，才将对话变成了吵架——他们咄咄逼人其实是想要到一个回应，或者一个确认，如果得不到，会觉得很慌张，甚至恐惧。这种慌张和恐惧的情绪往往会被"愤怒"的情绪掩盖，所以张涵前妻的"咄咄逼人"，甚至凶悍的吵闹，不过是一次次尝试和他连接无果后的不安反应。

逃避的伴侣是婚姻中最毒的一种伴侣，他们会让另一半感觉自己虽然结了婚，却越过越孤独。这种孤独感会加深他们对婚姻的不信任，进而更加想将对方捆绑在自己身旁，害怕对方"失联"，他们会更迫切地想与对方连接，这种迫切会让对方更加逃避，而逃避又反过来让他们更加不安，更加愤怒。

随着时间过去，双方的沟通模式就会定型，一方咄咄逼人的时候，另一方就厌倦逃避，然后双方都对这段关系感到失望、愤怒，婚姻中的双方无法彼此滋养，反而啃噬着两人曾经积淀下来的情感。

和小谭结婚后，变化的其实是张涵。恋爱时侃侃而谈的他，和伴侣的连接是很好的，积极、主动，充满能量；婚后的他又变成了前一段婚姻中那个"漠然"的丈夫，面对冲突不断逃避，拿不到他回应的太太自然只能变成一只老虎，不断追着他要"回应"。

小楼老师，作家，擅长儿童发展心理学、教育学领域。微信公众号：欧美爸妈（ID：bbmm332211）。

一生只和一个人发生性关系，亏不亏

一个人在一生中有多种性关系的体验，多次的情感互动，原本就是一件极其正常的事情。爱情、婚姻是一门深奥的学问，一无所知就领证生娃，堪比不经训练、没有武器就上战场。

一生只够爱一个人吗

"一生只和一个人发生性关系，亏不亏？"

"当然不亏了！多浪漫，多幸运啊！"菲菲听到小月问这个问题的时候，眼睛睁得老大，一副"这种问题也用问"的表情。

"世界如此复杂，一生一世一双人，这是多么幸福的一件事啊！你记不记得有句话说，'从前的日色变得慢，车、马、邮件都慢，一生只够爱一个人'，啧啧啧，那才是真正的爱情啊！"

"从前的人还纳小妾，逛窑子呢……"Lily 在一旁搭腔。

接下来，Lily 认真地说："如果我十几岁的时候，就遇上一个人，他刚好就是一个非常理想的伴侣，我们各方面都很搭，还能一直一起成长，倒也不会觉得亏。但问题是，这种概率之低，简直比得上彩票中奖了。对绝大多数人来说，都会经历一个试错与成长夹杂的过程，才能找到对的人。就像菲菲，你看她，试了这么多回了，这不还没找着么？"

"而且，平心而论，我自己的确觉得'世界这么大，我想多睡睡'是一种挺人性化的想法，本来嘛，花开一春，人活一世，只看过一面窗里的风景确实可惜。在真正安定下来，结婚之前，趁着年轻，多一些体验，多一些尝试，挺好的啊，再说，也只有这样，才不枉来这世上走一遭啊，才不会经历中年危机啊！"

"难道你没听说过'不以结婚为目的的谈恋爱就是耍流氓'吗？"菲菲说。

"听过啊，可是我真心觉得这种想法该进故纸堆了。这都什么年代了，恋爱是恋爱，结婚是结婚，两者非要拴在一起吗？当然了，在年轻的时候充分探索自己，探索世界之后，如果真的打算结婚了，那就是一个严肃的决定了，而一旦决定，即使后面的人生看的都是同一扇窗子，却也能看出万般风情。那才是完美的一生啊。"

菲菲听到这里微微点了点头。"菲菲，其实你现在就在经历这个过程啊，只不过你每次一开始，就只想着能不能结婚，反而会患得患失，无法享受恋爱的乐趣，也给对方造成很大的压力，对不对？"

"嗯……也对……我渐渐地也感觉到了，情感本来就是一个自然而然、水到渠成的事情，可是我现在好像急着把自己推销出去一样，太恨嫁了……"

小月有点不爽："我问这个，是因为我总觉得老公现在和过去不一样了，我们的感情好像变淡了……我真的很担心，我也是他的初恋，他会不会有中年危机，觉得这辈子只谈一次恋爱亏了啊？你们说，他这样是不是很容易出轨？而且说老实话，我自己好像也觉得有点亏……"

什么样的人会匆忙进入婚姻"圈套"

小月的情况在当下中国其实挺典型，有些人虽不是初恋结婚，但婚前恋爱经验也并不多。情窦初开的时候，我们都在忙着考试、学习、找工作，青春或是一片空白，或是乏善可陈。而到了谈婚论嫁的年龄，又被父母催婚，匆忙进入婚姻，父母的态度从"不许早恋"直接跳到"赶紧让我们抱上孙子"。这其实是违背人性的。

一个人在一生中有多种性关系的体验，多次的情感互动，原本就是一件极其正常的事情。爱情、婚姻是一门深奥的学问，一无所知就领证生娃，堪比不经训练、没有武器就上战场。

那为什么在婚前多谈恋爱、多"滚床单"，在很多人看来仍然是不正确的，甚至是不道德的呢？在过去，男权社会和封建文化倡导从一而终。如今，尽管贞节牌坊的实体已经渐渐腐朽坍塌，但在文化和心理上却并未消亡。

男人不停地明示、暗示处女的珍贵以及贞洁的高尚，是为了将女性奴役化、物化，将其牢牢霸占，哪怕是在认识他之前以及他死后。

在这样的文化洗脑下，很多女性把婚内的忠诚与一生的禁锢混为一谈，不自觉地压抑了自己，在没什么经历的时候就定了终生，但到了 30 岁左右，生活变了、自己和对方的人生哲学都变了，这才发现"进了套"，左右为难，骑虎难下——"原来我也有需要啊"！

那什么样的人会在没有多少恋爱经历的情况下，就匆忙进入婚姻呢？通常有以下四种：

（1）生活在母婴世界的人。

母婴关系是一种具有唯一性的、一对一的关系，妈妈只有一个，孩子也只认这一个，这在情感关系中对应的模式就是"一辈子只爱你一人"，比如痴心了 400 年的都教授。

（2）有过较大创伤的人。

例如，有些人在青春期时，经历了父母离异、去世或是情感遭受重创，例如被欺骗、利用等，非常受伤，于是就不敢到外面的世界闯荡。一旦遇到了拯救者，他们就会立刻蜷缩在这段关系中，退回到母婴世界，因为他们太害怕分离，太害怕再次受伤了。

（3）还处在潜伏期的懵懂之人。

这部分人虽然生理年龄上成人了，但心理上他们还没有开发出性意识，性对于他们来说，不是什么重要的事。比如，对于有些家境困难的男人，挣钱翻身是第一位的，而乖乖女们的价值观里，好好学习，考 100 分是第一位的，婚姻对于她们来说，更多的只是人生流水线上的一道工序而已。

（4）没有完成个体分化的纠结之人。

这些人在进入婚姻前，其实内心也觉得吃亏，但因为他们内心的安全感不足，就像喜欢时不时回头看看妈妈在不在周围的孩子，不去冒险觉得心里痒痒，真让他离开他又不敢。就在纠结中结了婚。

对应这四类人，往往当他们成长了，走出母婴关系之时；生活安逸，创伤得到平复之时；达成物质性目标，开始追求自我实现、个人发展之时；关系稳定，安全感得以满足之时，内心的需要便觉醒了，可回头看看自己的性经历，对比这活色生香的花花世界，很自然地会扪心自问：

"我这辈子是不是太亏了？！"

肾不亏心亏的人会有怎样的表现

当围城中的男女觉得围于昼夜与厨房，没法经历山川湖海，自认亏欠了今生，亏欠了自己，内心蠢蠢欲动之时，会怎样呢？他们的表现是一样的吗？

男人版：

（1）玩命工作，转移自己的注意力，生生地把那种欲望压下去，有些中年"怪蜀黍"就是这么来的；

（2）拒绝变老，在意淫中缓解内心的痛苦；

（3）把自己伪装起来，白天西装革履，一本正经，私底下却不停地偷偷找性伴侣；

（4）出轨，在婚外情中寻找"真爱"，弥补"损失"；

（5）干脆与原配撕破脸，"大不了从头再来"。

女人版：

（1）把自己的想法投射给伴侣，担心对方会觉得亏，像防贼一样防着老公出轨。

（2）转移阵地，闷头带孩子，把满腔的激情与爱都倾注到孩子身上。

（3）给自己洗脑——"婚姻到最后都是亲情""激情到最后不都是平平淡淡吗"……

（4）变唠叨，嫌弃老公，在看韩剧时，一心想"给欧巴生猴子"，在家里却向老公散发出一种"你离我远点"的气场。此种类型往往与男人版中的第四种形成"共谋"，互为因果。表面是男人出轨，女人受害，其实是两人都在疏远彼此，甚至可能是由女人率先发起，用暗地里的方式先推开了男人。

（5）花枝招展，极力扮嫩，或真的付诸行动，发生外遇。

结婚前应多谈恋爱、多尝试

在说解决办法之前，我们先要聊两句事后诸葛的话，那就是为了避免这种情况，结婚前应多谈恋爱、多尝试，这才是最根本的解决之道。

是的，这话就是说给看到此文但还没结婚的你听的，可能你妈妈告诉你，别挑啦，谈那么多次恋爱，最后还有人要你吗？女孩要洁身自好啊 Balabala。但我却想在这里"反动"一点，结婚之前，好好恋爱，勇敢尝试，做好保护，认真自省，考虑清楚，心智成熟一些再走入婚姻的神圣殿堂，才可能有更长远的安定和幸福。

那么已经结了婚的你们呢？前面提到的种种表现，其实无外乎两种，一种是压抑，回避，可弹簧的原理我们都知道，"哪里有压迫，哪里就有反抗"，有时表面风平浪静，但其实能量却在暗处汹涌，最终化为躯体上的疾病都是有可能的。

另一种就是去弥补，用重返青春期的方式不停地折腾、寻求补偿，最高级别就是撕毁婚约，但这显然要付出极大的代价，会毁灭周围很多关系，搞不好就是一场伤筋动骨的动荡，让自己的人生大伤元气。

那么好的解决方式是什么？

答案是：面对遗憾，化解遗憾。

当我们拼命地去满足自己，过分执着地想要喂饱自己，反而会发现自己的理性和人生正在一点点地被那种执迷的遗憾之心吞噬掉。

很多人都是在尝试了前两种方式，发现其实没有解决问题，反而制造了更多的问题之后，才最终醒悟，人生的很多遗憾是无法弥补的，过去也是无法补偿的。

就像小月和阿辉，正是因为他们的关系已经出了问题，已经开始疏远、冷漠，才会愈发地觉得"亏"，所以，此时的正解是用夫妻之间深层的情感交流去化解这种痛苦。

如何化解？

第一，分享，沟通，理解，懂得。

如果男人敢于袒露心声："我其实看着他们能够那么自由，可以尽情地去尝试，心里还是很羡慕的，我真的好希望自己的青春也曾经疯狂过啊！"

如果女人也敢于袒露心声："是啊，我很理解你，我自己其实也有这种感觉，但听你这么说我会特别担心你会走掉，我心里有一种控制欲，我担心自己对你没有吸引力了……"

那么，他们对彼此的信任、理解和接纳就会在这种脆弱相对的时刻，让彼此的遗憾之心得到真正的安抚，那种去弥补的动力也就被慢慢消解了，他们会从真正意义上学会接受人生的丧失。

但现实生活中，有几人敢说出自己的这种真实想法？又有几人可以包容对方的这种真实想法？很多时候，我们只是去反映，而不是去反馈，我们本能地恐慌、愤怒、怨恨、责备，错失了解决问题的良机。

第二，升华。

当一个人面对困境的时候，会启动各种防御机制，防御机制又分为不成熟的、中间状态的和成熟的三种。其中，成熟的机制包括幽默和升华，当一个人可以用好这两种方式的时候，他的生活才是真正自在的，而不是在超我和本我的内斗中不断消耗自我。

你可以把内心的欲望投入到创意性的活动中，比如可以一起探索新的"情趣"，与其半死不活地过一种无趣的生活，不如内部挖潜，尝试有情调地在性方面进行互动，只要两个人都能接受，都感到愉悦，关起门来，完全可以"无节操无下限……"。

亡羊补牢，未为晚也！

很多时候，一个人觉得亏，其实只是对性的探索还比较浅薄，未能与自己的伴侣发掘出性爱真正的美好，他们或许更多地还只是停留在肌肤之亲和感官刺激的阶段，性与爱仍然是隔离的，还没有达到深层的心与心的连接，而一旦情感的互动到了这个阶段，性爱会情不自禁地发生，性会自然而然地成为一种深爱的传达方式和流动方式，这种深层交融之中的性是妙不可言的，它或许不再是你曾经追求的欲仙欲死，但却是灵魂在深度接纳中的震颤与安宁。

你说，这样的人生是不是才是真正不亏的呢？

April，原名卢悦，心理专家，婚姻与家庭情感专家，中央电视台《为您服务》特约心理专家，北京7台《生活广角》《生活面对面》特约心理专家，北京8台《谁在说》特约心理专家。微信公众号：心之助（ID：luyuexinli）

让我们成为彼此的沃土

我们成为了彼此的沃土，互相扎根，茁壮成长。

你会因为婚姻，获得更多自由，

成为你真正有潜力成为的那个人，

从此，在人生的路途上，无所畏惧。

有人问我，对的人到底什么样？到底有怎样的感觉时，就能确定自己找对人了呢？

三观一致，才有真的满足

一段让女人感觉自己嫁对了的婚姻，首先有一个基础，就是两个人的三观比较一致。

心理学家研究证明，双方价值体系的相似度在 70% 左右，是比较理想的。这样他们会有比较多的共同话题和共鸣，有利于情感融合。我就见过一对夫妻，女方曾说，嫁对人的体验就是：他愿意陪着我丁克！

其次，是爱好和生活习惯相似。

我有一个师妹，她和老公都喜欢写作，两人婚后搬到一起住，竟发现，两人的藏书居然有四分之一都是重合的，平时买零食、看电影，也总是不谋而合。他俩总能玩到一起，吃到一起，有很多东西可以分享，所以日子过得很开心。

两个人长期在一起生活，有交集是很重要的。生活习惯上差异太多太大，很容易磨损感情。不少夫妻分手，并不是因为一些原则性的问题，而是因为生活细节和鸡毛蒜皮的小事，一来二去，情感难以为继。

再次，是女人能够感觉到被在乎、被疼爱、被欣赏、被包容。

我在网上看过一个帖子，有对夫妻吵架，吵急眼了，老婆踢了老公一脚，结果老公居然说，哎呀你脚怎么这么凉呢，我去给你弄点热水泡泡……后来他真的端来了一盆热水，里面还泡着草药，老婆当时就缴械投降了。老公还嬉皮笑脸地说："你看，你笑起来越来越好看了呢！"

女人往往比较感性，注重细节，这些"小确幸"累积起来，会让女人感受到一种安全感和满足感，感觉自己在这段婚姻中得到了滋养。这对女人来说是很重要的。用心理学术语来说就是，这段婚姻可以为女人提供一种"正面满足"。

我认识一位叫妍姐的女子，结婚快 20 年了，和老公感情很好。她曾给我讲过这样一件事：

　　我是一个特别追求完美的人。受我爸妈的影响，事事追求控制感，无法容忍事情出错。有一次，我老公着急赶一份报告，缺一本书，让我下班路上帮他买回来，结果回家才知道买错了。可是报告第二天就要交，当时把我急坏了，本以为老公会很生气，会责备我，可没想到，他却说："没事没事，瞧你急的，这事也怪我，没把作者名字说清楚，没什么大不了的，我在网上查一查，应该有电子书。这个报告其实没有多重要，我对付一下就行！"

　　这位丈夫的宽容，给了妻子童年一直都没得到过的东西。他像一个有很大空间的"容器"，给予妻子的这种体验，就是心理学所说的——"矫正性情感体验"。

　　这些正向的过程，在大多数夫妻的蜜月期都有，那时大多数女人，都会觉得自己找对了人，这一点上，大家都差不多。但真正的分水岭，就发生在权利冲突期。有些人的关系会在这个阶段开始唱衰，而有些人可以平稳度过，甚至愈发甜蜜，这其中的区别，就在于夫妻是否有能力，去透过现象看到本质，求同存异。

　　恩爱谁都秀过，虐狗谁都干过，但激情退去，关上家门之后，考验才真正到来。

永远都能看到不一样的风景，
就好像"做生意赚到了一样"

心灵的打开分为两部分，第一部分，是看彼此能否互相敞开心扉，第二部分是敞开心扉后，能否互相流动。

有的夫妻也能彼此敞开，但是不能有效流动，结果反而会变成一个受伤的过程。

那么如何才能让深层情感流动起来呢？如何形成一种负向的"对"？

我和妍姐深聊过这个话题，她告诉我，她的老公是个挺随性的人，他有个特点，每天早上起床以后，都要"醒懵儿"，就是醒了以后，要看看手机，发发呆，半天才能清醒过来。可是妍姐是个急性子，早上起来总是忙忙碌碌，火急火燎的，特别看不惯老公那种慢吞吞的样子，刚结婚的时候，他们总因为这件事闹不愉快。

你们家是否发生过类似的情况？在这种差异显现的时刻，你们又是如何处理的呢？

如果嫁对了人，老公面对你的抱怨，大概不会反唇相讥，也不会压抑自己。因为他知道，一方的隐忍，虽然能换来一时风平浪静，却会让情感产生裂痕，实际上这是以降低情感质量的方式，去换取关系的平衡，是非常得不偿失的。

那么妍姐的老公是怎么处理的呢？

有一天，他们两个人心情都还不错的时候，聊天聊起这件事，他对妍姐说："其实我知道，你一直挺辛苦的，早上起床后很忙碌，希望我能麻利点，我都懂。那你能不能具体和我说说，你希望我早上做什么，怎么做，你会觉得好一些？"

这样说，便是一种成年人的态度和处理方式。更重要的是，他让妻子感觉到自己的需要被在意、被关注到了。妍姐说，听到他这么说，当时她就没那么生气了，两个人之间的隔阂很快就能消融。

接下来，他们心平气和地商定了一下具体分工，早上两个人分别都负责做什么，还商量好，完成任务之后，她老公就可以踏踏实实地看手机，看新闻了。

通过这种方式，妻子得到了她想要的——丈夫能在家务上给她帮帮忙。而丈夫也得到了他想要的——避免了冲突，耳根清净了，这岂不是两全其美？

所以，如果你们是彼此那个对的人，你们往往就有能力从负面冲突中幸存下来，过上"有里有面"的生活。

在此基础上，随着时间推移，双方还会在更深地层面上，去了解探索彼此。

妍姐说，后来他们两个人都不那么忙的时候，长谈了一次，她告诉老公，她的急脾气其实很像她的妈妈。小时候，她经常目睹妈妈训斥爸爸磨蹭、磨叽，内心里她其实是瞧不起这样的爸爸妈妈的。她觉得爸爸很可怜，但又太窝囊，对妈妈的行为也很气不过。所以当自己成了家，看到老公动作慢的时候，那种恐慌和焦虑就又浮现出来了，她害怕变成妈妈的样子，更不想看到老公和当年的爸爸一样。

她的老公也告诉她，自己的家庭是完全不同的，很少冲突，但是一旦有矛盾，就闹得天翻地覆、摔锅砸碗，作为一个小孩子，他那时是很害怕那种场景的，所以他特别害怕冲突。妍姐嗓门一高，他就开始紧张、卡壳。

这次长谈之后，他们都感觉放松了很多，因为终于有机会向对方敞开心胸了，自己深埋多年的心事也得到了倾诉，他们之间的默契与感情更加深厚了。

这样，他们就不仅在治标的层面达成了具体的协议，还在治本的层面向彼此袒露了自己的脆弱。也就是说，他们夫妻合作，完成了四件事：

（1）包容彼此的情绪；

（2）选择情绪回落到平静状态再沟通；

（3）在情绪问题上，能够达到一种对彼此的支持和理解；

（4）能深入探讨深层的情绪和核心观念。

经过这样一个过程做基础和铺垫，他们的家成为了一个更加安全的空间。当妍姐再着急的时候，她老公就能理解她了，也能更坦然地面对自己的恐惧了，他开始敢于在第一时间用一种平静的态度对妻子说："你再这么说下去，我就有点受不了了，我现在很难受，你能不能停一下？"

这就让妍姐也能在当下意识到，"哦，我是不是又回到我妈妈那个状态了？我是不是又有点说得太过分了？"这样一来，她就可以从那个状态里摆脱出来了。

慢慢地，她的老公越来越敢于直抒胸臆，有什么说什么，她自己也越来越平和，不再那么完美主义，那么爱着急了。

这就是为什么我们会看到，很多相爱多年的夫妻，彼此面容的线条都是越来越柔和与放松的，气质也越来越从容和淡定。而不似有的夫妻，一脸的紧张、凌厉与尖刻。

因为好的夫妻，通过与对方的相处，会逐渐发生改变，走入舒适区，不再被束缚在过去的情结里。这种感觉，就如同自我被释放，越来越自由，不断发现新的自己，未知的自己。和对方在一起时，永远都有新的冒险，新的突破，永远都能看到不一样的风景，就好像做生意赚到了一样。这时我们可以说，她真的嫁对人了。

让我们成为彼此的沃土

前面提到的那个过程，其实只是一个精华版，真正人与人之间的磨合，是一个曲折而漫长的过程，需要不断地沟通、觉察、干预，再沟通、再觉察、再干预，两个人不断地分享彼此的感受，才能最终把冲突和互异，化为成长的契机。

婚姻专家通过研究发现，那些比较健康、长期、稳定的关系，大都是"友伴型"，而不是"激情型"的关系。一对夫妻间，只有30%的部分是基本一致的，另外70%都是可能产生分歧的，也是难以改变的。如何让彼此的差异都得到尊重，可以有效存在，自己又不会被压抑和牺牲，而是能"赢"，能有所获益，是夫妻双方一生的课题。

心理学家大卫·史纳屈（David Schnarch）在他的书《充满激情的婚姻》中，曾经一针见血地指出，成功的婚姻有一个共同的关键，就是能从想要被认可，过渡到想要被了解。我们都希望在爱人面前得到认同和欣赏，而袒露心声，让对方了解更真实的自己则需要拿出勇气，甘冒风险。

在这片并不明媚、暗藏杀机的森林中，有的夫妻成功穿越了彼此的不同，从不那么了解对方的需要，到达成彼此之间深刻的了解，并且能有效满足对方的需要，他们花了十年、二十年，甚至更长的时间，但他们迎来的风景也是最美的：他们找到了新的适应彼此的方式，一生都能感受到自己的成长，这才是最根本意义上的"嫁对人"。

想起黄磊接受采访时曾说：

他们有人问赵宝刚导演："你跟夫人婚姻的保鲜秘诀是什么？"赵宝刚导演说："我没什么秘诀，30年就是我的秘诀。"那这个问题如果问我，我也没什么秘诀，20年就是我的秘诀。因为时间可以去酿造一切。

正是在时间长河中，一段情感一点一滴地凝结、汇集，慢慢地流向了更深远更广阔的大地。

正如有网友总结：

我们成为了彼此的沃土，互相扎根，茁壮成长。
你会因为婚姻，获得更多自由，
成为你真正有潜力成为的那个人，

从此，在人生的路途上，无所畏惧。

April，原名卢悦，心理专家，婚姻与家庭情感专家，中央电视台《为您服务》特约心理专家，北京7台《生活广角》《生活面对面》特约心理专家，北京8台《谁在说》特约心理专家。微信公众号：心之助（ID：luyuexinli）

被全世界看见，
抵不过被一个人深深看见

好的亲密的关系，对我们的健康和幸福是有益的，这是永恒的真理。但为什么我们办不到呢？因为关系，麻烦又复杂，需要一辈子投入，无穷无尽，而且一点也不高大上。因而，我们总喜欢找捷径。

婚姻关系，是最能让我们获得存在感的途径

一位叫丫丫的女子在向我描述她为何最终选择走进婚姻的时候，说了这样一段话："如果没有他（丫丫先生）的存在，我就会掉入荒原的世界。那个世界是黑白的，乌云层层盖住天空，被大风吹着，无序地飘移着。而大地一望无边，杂草丛生。""在这个世界上，没有比一个人愿意将真心交付于你更珍贵的了。而这便是对付荒原的武器。"

确实，我们生命存在的本质，就是不断向外发展关系的过程。著名心理学家温尼科特说过相同的话，他认为：**每个人都是一个**

能量泡，这个能量泡需要不断伸展，与万事万物建立很好的联结。

而婚姻关系，则是众多联结中最重要的部分，是我们一生中最重要的人际关系。

婚姻关系，是最能让我们获得存在感的途径。因为在婚姻关系中，这种存在感是不可替代的。也就是说，在婚姻关系中，我们能获得一种"我的眼里只有你"的感觉。

任何关系都比不上在关系中"被看见"重要

但是，仅仅拥有关系——婚姻关系、家庭关系、工作关系、朋友关系是不够的。真正让我们在关系中找到存在感的是：在关系中被"看见"。具体点说，我们的感受被对方看见。

只有当我们的感受被对方"看见"时，那一刻关系才真正开始，否则，只是在和自己想象中的人打交道，只是自己跟自己（头脑里对他人一成不变的看法）玩。

丫丫感觉，从小到大自己的感受很少被父母"看见"，以至于有种深深的被忽视感——不存在感：

> 上次回家的时候，我告诉妈妈，最近工作不顺，常常失眠，情绪也很低落。妈妈只说了一句，"你小姨说得对，我不仅男人没嫁好，生个孩子，也真不让人省心"。说完之后，妈妈深深地叹了一口气，仿佛在怜悯自己悲哀的命运。我很生气，有一种被指责的感觉——自己是一个不让人省心的人，更严重的是，我觉得妈妈

没有看见我的感受，没有想要和我（我的感受）在一起，我有一种被忽视的感觉。

我们成长过程中，或多或少都有一些"创伤"，而其中"被忽视"的创伤，最直接关系到了我们对自己的存在的感觉，比如丫丫就认为，在与母亲的关系中，她一直被忽视。

拥有关系，以及在关系中，被"看见"是我们获取幸福感最重要的因素。

关系要想存在，一定是相互的

除了被"看见"，我们也需要"看见"对方。只有被"看见"，没有去"看见"，关系是不存在的。关系，一定是相互的，彼此能量自由流动的过程。如果我们不能"看见"对方的感受，实际已经把对方物化，而非把对方当作一个有感情、有思想的人。

当我们要求对方来满足自己的期望，要求对方成为我们所理想的样子，这时候，对方就是被物化的过程。而避免把对方物化，最重要的一点，就是也要"看见"对方的感受：

当丫丫试图去理解母亲的感受，这样说道："她应该很伤心吧，觉得自己的人生处处不幸，感觉她应该很爱我，否则，她也不会因为我而感觉自己人生的不幸了。当我'看见'妈妈的感受，便没那么生气了。感觉能理解她了。"

我们需要"看见"，也需要"看见"对方，这样，关系的建立才真正开始。

我们为何在关系中找不到存在感

（1）重复自己早期经历中的"伤口"

关系中，难以"看见"的根源，在于我们将大部分精力集中在自己的伤口上，以至于难以觉察真相：我们太执着于自己的痛苦，并认为痛苦是对方造成的。

其实，这个伤口早已存在，是在我们早期的经历中形成的。而我们只是在新的关系中，一遍又一遍地重复体验它。

比如，一个敏感的人，他会处处感受到别人说的话，是在针对他，但事实上，这种敏感的个性，是早年的生活经历中形成的。当下那种被人针对的感受，其实不是说话人的过错，而是因为有了不自信的伤口存在的缘故，所以处处印证自己是一个没有价值、不受欢迎的人。

在关系中，培养"看见"的能力，最重要的一点就是：明白我们此时受伤的感觉是源于早期经历的创伤，而非对方的过错。

（2）对身边人、事的不合理认知

另外，不合理信念，也是导致我们无法"看见"自己和他人的原因。

著名心理学家艾利斯认为：

引起人们痛苦的，并不是外界发生的事件，而是人们对事件的认知。因此要消除痛苦，不是致力于改变外界事件，而是应该改变认知。通过改变认知，进而改变痛苦。

这些不合理的认知，有三大特征：

a. 对人的绝对化要求

主要表现在："别人必须很好地对待我""别人应该理解我"……

比如，指责伴侣为什么不理解自己，为什么不能做到自己所要求的。这是一种追求极致的"理想化父母"的表现。它对亲密关系最大的危害在于：不断消耗自己，伴侣在关系中无法得到滋养，从而对婚姻关系有巨大的破坏性作用。

b. 夸大挫折的后果

主要表现在：如果发生了一件不好的事情，那将是非常可怕的、非常糟糕的，是灭顶之灾。

比如，一个三四十岁的女人，被离了婚，然后就认为，我这个年纪离婚了，我这辈子都完蛋了。他（伴侣）简直就是一个坏人，这个人太坏了。

但事实上，完蛋不完蛋跟离婚不离婚并没有直接关系。而关键在于，我们是否可以从挫折当中，恢复对关系的信任以及对自己的自信。

c. 对人的评价以偏概全

主要表现在：以某一件或几件事的结果来评价整个人，评价某个人的价值。

比如，丈夫因为和同事喝酒，很晚才回家，妻子由此推导出：丈夫是一个没有责任心的人。丈夫没能完成一件事，未满足妻子的愿望，妻子由此推导出：丈夫连这点事都办不好，不会有任何出息。

当伴侣长期生活在被否定的环境中，不被公平对待，这段婚姻关系就埋藏下很多愤怒和压抑。

关系相处的黄金法则

中国有句古话：己所不欲，勿施于人。它说出了关系相处的**黄金法则：你希望别人如何对待你，你就如何去对待别人。**

当你真正这样去做，才能收获真正的安全感。毕竟，付出爱，才能拥有爱。依靠索取而得的爱，只能活在诚惶诚恐、患得患失之中。

被全世界看见，抵不过被一个人深深看见

在电影《寂寞芳心》中，男主角是一家餐厅的老板，事业有成，长相英俊，却无法进入真正的亲密关系。他会付钱给一些女性，然后得到一晚上短暂的温存。他过着自由却孤独的生活。

终于，他遇到了心仪的女主角，她开朗、迷人，宛如天使。男主角对她一见钟情，并展开了热烈的追求。在两人关系逐渐深入以后——男主角带女主角见了自己的母亲，女主角也和男主角家人越来越亲密。但这时男主角却感到"别人闯入自己的生活"，决然提出分手。

男主角说："这（和别人建立亲密关系）太难了，太难了。"

女主角说："你被冰雪包围着，快要被冻死了。长眠的感觉

固然好，但你会死去而不自知。"

分手后，男主角对女主角仍然念念不忘，后悔不已，时常跑到她工作的地方，远远观望。直到有一天，他再也看不到女主角的身影，她已嫁作他人妇。

自由固然美好，但自由的代价是，我们永远都是 Nobody——无人认识的，不存在的。

我们终其一生，都在汲汲追寻的，就是成为 Somebody，于是，我们很努力地想要在事业上、财富上、名望上取得成就，成为不可替代、万众瞩目的人。

1938 年，哈佛大学开展了一个史上对成人发展研究最长的项目，这个项目至今还在继续中。这个项目就是——格兰特幸福公式研究。

研究结论指出：爱才是真正重要的。

第四任负责此项目的主管、哈佛大学教授罗伯特·沃尔丁格（Robert Waldinger）指出：好的亲密的关系，对我们的健康和幸福是有益的，这是永恒的真理。但为什么我们办不到呢? 因为关系，麻烦又复杂，需要一辈子投入，无穷无尽，而且一点也不高大上。因而，我们总喜欢找捷径。

只有你，因为不被一个人深深的"看见"，所以才希望被全世界看见。

冯雪娇，文学学士，心理咨询师，旅行者，自由撰稿人。

在这个出轨的年代，
婚姻有什么意义

"婚姻，就像缝衣服。我们每个人，都像一件充满破洞的衣服。而高质量的婚姻关系，可以将我们的破洞缝补起来，成为一件完整的衣服。"

无论你跟谁结婚，你的伤口，都在那里。如果我们在关系中，一遇到问题就选择逃避，那么不管谈多少次恋爱，都是在旧伤中不断轮回。

为什么我们会爱无能

现在，我们的婚姻为什么爱出现问题？自主选择权增加了，但爱的能力却没有培养起来。

什么是爱的能力，最重要的有两点：**尊重伴侣的差异，营造爱的容器**。很多时候，人们在亲密关系中，追求的是一种创伤性的弥补，比如从小缺爱的女孩子，就极容易被暖男吸引。因为，暖男代表着那个从小就缺失的"理想父母"。

在关系的浪漫期，我们彼此都认为，对方是自己的"理想中人"时，关系中充斥更多的是对伴侣的幻想，俗话说"因为不了解而在一起"。

然而随着时间的推移，渐渐发现伴侣并非如我们理想中的样子，看到了伴侣与自己的诸多差异。又如果不能以合作的方式处理这种差异的时候，关系就极容易出现裂痕，比如有人寻求外遇，从一个"理想伴侣"，过渡到另一个"理想伴侣"。此时，就是"因为了解而分开"。

因而，**若想婚姻长久，最重要的一点就是能够尊重伴侣与自己的差异，并能在这种差异中，寻求一种方式，能够同时满足彼此的核心需要。**爱的能力，除了能够尊重伴侣的差异以外，还有一点就是，**能够为对方营造一个容器，将对方不能消化的负性情绪——厌倦、恐惧、担心等，通过鼓励、安抚，使负性情绪得到转化。**

相濡以沫、相互扶持，大概就是这个意思。

负性情绪的转化，其实很简单，它只需要被看见、被理解，便能得到消化。

外遇，真的是婚姻的"世外桃源"吗

出轨，往往是关系本身出了问题，我们无法从现有伴侣身上找到寄托，转而寻求新的对象。

小刘拥有一个看似完美的家庭，太太是他十分理想的对象，非常漂亮、温柔、顾家，是个好媳妇、好母亲。然而小刘在这段婚姻中，却非常疲惫，太太常常因为他偶有应酬而与他吵架。

不仅如此，小刘觉得跟太太有太多的差异，两人现在很难聊到一起。小刘喜欢草原，太太则喜欢繁华都市，小刘喜欢户外运动，而太太则喜欢宅在家。小刘想要谈谈天地，而太太则满口孩子，柴米油盐酱醋茶。

后来，小刘公司来了新同事，看起来非常有活力，小刘感觉她能理解自己，找到了久违的慰藉，于是迅速坠入了爱河——出轨了。

事后，小刘非常内疚，感觉太太没有做错任何事情，自己却这样伤害她。他尝试和新同事断绝关系，但分分合合很多次，依然藕断丝连。

在看似完美的婚姻中，小刘其实内心非常疲惫。简单来说，他无法在现有生活——循规蹈矩的工作，毫无趣味的日常生活中找到乐趣和活力。并且这种厌倦的感觉，又无法在妻子那里得到慰藉。

小刘和太太生活上的差异，其实是很好调整的：

比如喜欢草原的小刘，可以在自己旅行的时候，给太太分享照片，也许就能激发太太对草原的兴趣呢？

喜欢繁华都市的太太，如果在旅行过程中，安排一两天到郊区小镇，不也能满足先生追求自然质朴的心愿吗？

如果小刘能够放下面子，与太太分享对工作的不满意，而太太呢，在小刘分享的时候，不用批评和评价的方式——比如太太不来一句"你真没出息",而是能够安抚小刘的情绪,"我知道这个处境很糟糕了,我们一起想办法看看怎样解决好不好?"这个时候,小刘因工作带来的负性情绪就可能被消化。

如果太太能够觉察到自己因先生偶有应酬就吵架的背后存在着匮乏,觉察到自己不安全感的来源,不以哭闹的方式,逼迫先生成为自己的"理想父母",而是尊重和信任先生,那么这段关系中,她便能拥有更多的尊重、支持和活力。

很多时候,我们的负性情绪,因为自身的匮乏、恐惧、信念缺失等等,自己是无力消化的,这时候,婚姻就像一个容器,帮助我们消化,在伴侣的接纳、理解和鼓励中战胜自己。

当彼此可以共同创造这个容器的时候,我们就因为联合而变得强大,因为有你,所以我可以更勇敢面对人生的挑战。

而在小刘与太太的关系中,太太无法安抚小刘对工作、生活状态的郁闷,小刘也没法安抚太太因自己应酬带来的不安全感。双方都无法为对方提供一个容器。

当我们的负性情绪无法自己消化的时候,伴侣也没法提供一个爱的容器,此时,某一方就很容易躲进外遇营造出来的"世外桃源"里。

"我们每个人,都像一件充满破洞的衣服"

20世纪伟大的心理学家之一马斯洛,在他的人类需求理论中指出,人类有五大需求层次,依次为:生理需求、安全感的需求、归属的需求、尊重与爱的需求以及自我实现的需求。

　　婚姻关系可以满足性、繁衍的生理需求，安全感和归属感的需求，以及被欣赏、被尊重的需求，但在自我实现方面，却很少看到婚姻的功能。

　　有这样一句描述婚姻的话，颇有深意："**婚姻，就像缝衣服。我们每个人，都像一件充满破洞的衣服。而高质量的婚姻关系，可以将我们的破洞缝补起来，成为一件完整的衣服。**"

　　丹丹现在是我们朋友圈中颇为成熟、知性的一位女性，婚姻也很幸福。但曾经她也是"作女"中的一员。那么，在爱的关系中，丹丹是如何从"作女"完成蜕变的呢？

　　有一次，丹丹与先生排队去香港太平山顶看夜景。排队的人很多，先生当时收到一条短信，于是玩起了手机。看到先生在玩手机，丹丹立马要求先生把手机给自己看。面对丹丹的要求，先生对她说，希望丹丹能够信任他，尊重他的隐私。被先生拒绝的丹丹，更加怀疑先生一定在对自己隐瞒什么，没有安全感的丹丹，当着众多人的面扇了先生一巴掌。

　　冲动过后，丹丹被自己这巴掌吓蒙了，立马后悔自己为什么没有控制好情绪。心想跟先生的爱情肯定完蛋了。

　　被丹丹扇了一巴掌的先生也懵了，但他却并未责骂她，只是默默地把手机交给丹丹。丹丹一看上面只是一个工作邮件，他当时只是在回复邮件而已。此时的丹丹羞愧无比，向先生坦白了自己内心最深处的担忧：自己的不安全感太强烈，害怕自己不够好，会被先生抛弃。

　　听完丹丹的哭诉后，先生把丹丹拉入怀中，抱着她说了七个字："我知道，没关系的。"

自此以后，丹丹再也没"作"过了。

我们每个人的成长过程中，或多或少都带着伤口，它们会让我们突然变得很尖锐——如丹丹扇先生的那一巴掌，但当伤口被看见、被理解——丹丹先生的反应，而不是被批判、被评论时，伤口便得到了疗愈。

有一句话说："跟谁结婚，不是结啊。跟谁结婚，都一样。"

但这句话现在有了新的含义：无论你跟谁结婚，你的伤口，都在那里。如果我们在关系中，一遇到问题就选择逃避，那么不管谈多少次恋爱，都是在旧伤中不断轮回。

从匮乏走向完整，这是每个人终身需要修行的课题。

人最深层次的匮乏、伤痛，只有在最亲密的关系中——比如婚姻中，才能暴露出来。当我们被疗愈了，就是从匮乏的人，成长为完整的人。

如何走向亲密：分享脆弱，袒露真实的自我

在亲密关系中，很多时候我们期望弥补成长带来的创伤。在原生家庭中，最大的创伤，便是我们不能被无条件接纳，我们活在指责和苛求当中，陷入自我怀疑，认为自己不值得被爱。

如果在原生家庭，我们没有得到自己"值得被爱"的确证，那么在亲密关系中，便希望得到证明。

有时，我们在自己的伤口里面挣扎，不愿意长大，其实并非不愿对自己负责，而是那个未被破解的魔咒——"我到底是不是

一个值得被爱的人？"深深勾住，使我们无法前行，走向独立和成熟。

未能得到"值得被爱"的确证时，我们的内在小孩会拒绝长大，以"作"的方式面对世界。直到"被爱"得以确证，"不被爱"的魔咒才能解除，从而从"小孩"成长为"大人"，成长成完整的人。

如前面提到，在丹丹与先生的关系中，丹丹因为内在的不安全感，退化成小孩子的行为——随意向对方发怒，不考虑对方的感受。而丹丹的先生，接纳并理解了丹丹不安全感，丹丹的伤口得到疗愈，"魔咒"得以破除——我是一个值得被爱的人。由此，丹丹从"小孩"完成了成长。

那么，相爱的伴侣，如何互助，从而使彼此在关系中得到自我实现呢？

答案是：走向亲密。

《懂得爱：在亲密关系中成长》一书中，对"亲密"的定义是：把自我最深处的部分向他人也向自己展现，没有任何伪装或防卫。

由于长久自我保护的习惯，人多半相信袒露真实的自我只会招致别人的批判、拒绝和抛弃，很难相信有人肯接纳我们内在的黑暗面。

简而言之，亲密就是：分享脆弱，袒露真实的自我。

而突破亲密障碍，最重要的则是：卸下伪装和防卫——不批判、不评价、不指责。这样即便暴露了内在的黑暗面，也觉得自己是安全的。

丹丹选择向先生坦白：并不是先生的错，而是自己害怕被抛弃的恐惧，导致自己的失控。这就是一个分享脆弱的过程，没有傲娇、没有强势，只有一个受伤的孩子，袒露自己最真实、最脆弱的一面。

我们之所以难以实现亲密，是因为我们用伪装、防卫、自我保护的方式面对伴侣，这是伴侣之间冲突不断的原因。我们故作强大，用指责、批判、评价的方式，掩盖自己的脆弱和恐惧。你指责我，我也指责你，你批评我，我也批评你，追寻一种"我高于你"的优越感，拒绝分享脆弱，袒露真实的自我。

用时间去爱吧，哪怕只有一瞬间，也不要辜负

为何分享脆弱，袒露真实的自我能帮我们走向亲密，并在关系中发展自我呢？

当我们分享脆弱时，便从伪装、防卫、自我保护（指责、批判、评价），深入到内在伤口，这个时候，因为我们与自己的伤口联结，也与自己联结。而与自己联结是与他人联结的前提。

而当我们在伴侣面前暴露伤口，并得到伴侣无条件接纳的时候，创伤便得以疗愈。一旦我们被无条件接纳，便能发展出真我的美好品质——爱、坚强、勇敢、乐于分享和奉献。这就是关系中自我实现的过程。

当内在最黑暗、最不堪的那一面被看见、被理解，便是见了光，黑暗就不再黑暗了。

最后，我将100多年前马克·吐温回首自己人生时讲的一段话送给你：

时光荏苒，生命短暂，别将时间浪费在争吵、道歉、伤心和责备上。用时间去爱吧，哪怕只有一瞬间，也不要辜负。

冯雪娇，文学学士，心理咨询师，旅行者，自由撰稿人。

April，原名卢悦，心理专家，婚姻与家庭情感专家，中央电视台《为您服务》特约心理专家，北京7台《生活广角》《生活面对面》特约心理专家，北京8台《谁在说》特约心理专家。微信公众号：心之助（ID：luyuexinli）

再亲的人，彼此也要有界限感

清晰的家庭界限，本质上是用一种成熟的心态来爱护所爱的人，包括亲密关系中的对方和彼此的父母家人。

为何家会伤人：没有划分合理界限

合理的家庭界限，对维护家庭关系的作用重大，在执行中，却常被误解或忽视。

界限是结构家庭咨询（Structural Family Therapy）中的一个概念。

结构家庭咨询的核心理念是：从家庭成员间的互动模式，来理解和调整家庭内个体成员的行为。

从这个角度来看，家庭中的某一个人出了问题，我们不会简单地认为只是他自身的问题，而是会观察其家庭成员间的互动模式，是否存在不妥之处。其中很常见的一个问题，就是界限模糊混乱。

每个家庭，都有不同的"部门"，这些部门体现了家庭成员不同的身份、角色、职责。家庭部门的主体，包括夫妻部门、父母部门、子女部门、兄弟姐妹部门；很显然，其中有些部门，是同样的人在扮演和承担不同的家庭角色和职能。

关系健康、界限明晰的家庭里，不同部门各司其职。彼此间能够互相沟通合作，但不会频繁跨界，干涉其他部门的事务。同时，各部门也有能力处理内部事务，无需牵扯其他部门。

合理的家庭界限，最根本的是家庭成员之间相互尊重，包容彼此在各自事务上独立的看法、立场和选择，不过分干涉其他家庭成员的职能范围，也不接受他人的过分干预。

我们举例来看看不合理的家庭界限是什么样的。

范例一：有位太太怀疑先生有外遇，但先生对她的指控坚决不承认。虽然先生否认有外遇，但却继续做出很多在太太看来表明他已经变心的行为。比如晚归时，太太问他到哪儿去了，他会含糊其辞。如此，先生的言语和行为传递出相互矛盾的信息。这样的信息不对称，在亲密关系中，很容易使对方焦虑感陡增。太太既放不下心里的疑问，又不知如何与先生有效沟通，一时间非常痛苦。

在这样的心境下，她问8岁的女儿："如果爸爸不要我们了，你跟妈妈过好吗？"她还对女儿说："你记住，男人不可靠。你以后千万不要相信任何男人！"

我想，这位母亲主观上无意伤害孩子，甚至是希望能够保护女儿免受自己目前正在经历的痛苦。但是她对女儿情绪化的过度倾诉，很严重地破坏到家庭界限，使夫妻双方难以有效处理夫妻内部的事务，也使女儿被迫背负起与她的年龄、角色不符的重压。

这个例子是父母把子女卷进夫妻事务，从而对合理界限造成破坏。

范例二：有一个女生，小时候父母离婚，母亲一个人把她拉扯大，彼此感情非常亲密，无话不谈。婚后，她保持这样的习惯，把和先生日常生活中的各种事务向妈妈倾诉。

两人打算要孩子时，虽然年纪都不大，但却非常不顺利。女生独自看了医生，没检查出问题，然而就是怀不上。她在焦虑的心情下，向妈妈倾诉自己的各种担忧和猜测。妈妈很心疼女儿，找到一位老中医，给女婿开了服进补的中药，拿来给女婿服用。

男生觉得非常难堪、生气。他责怪妻子不给两个人留一丁点儿隐私，觉得丈母娘给他开药调理，是对他的一种变相责难。

女生的过度分享和妈妈不请自来的介入，虽然都没有任何恶意，却同时伤害到三个人：女生觉得很冤枉，妈妈觉得好心被辜负，先生觉得隐私被侵扰。

而造成这一系列伤害的原因，就是在夫妻双方没有达成一致之前，一方单向地打破家庭合理界限，引来了原生家庭的过分介入。

为什么一家人划清合理界限非常重要

有的朋友或许会问：难道全家人一团和气、不分你我，不好吗？为什么非要划清界限，那么生分呢？

其实，合理的界限是家庭成员形成良好互动模式的基本保证。

这样的互动模式是亲密的，但却不是过分依赖、干扰的。

维护合理的界限，不是与原生家庭分道扬镳，而是使亲密关系拥有正常运行和发展的空间。

当两个人组建自己的小家庭，彼此都多了一重新身份：我们变成了某人的先生或太太。这个新身份是建立在亲密关系而不是非亲子关系之上的，需要两个人能适当从依托于父母的子女身份中独立出来。

如果父母常常介入子女的亲密关系，往往并不是有意拆散小家庭，而是对子女的新身份——另一个人的亲密爱人这个新身份，一时难以适应。父母坚持用惯有的方式去关爱、保护子女，去维护与子女的情感联系。

在这个适应阶段，需要子女用更成熟的心态去经营和维护与父母的关系，而不是对他们的过度干预一味退让。

回想我们小时候，如果执意想做某件事，但父母认为这件事对我们的成长不利时，那么不管我们多么辛苦地恳求，他们可能最终都不会同意。

当诉求不被支持时，我们可能会抱怨："别人的父母都能同意，为什么你们就不能像他们一样？"或者，"你不肯答应，就是不爱我！"

父母听到这样的话，一定会觉得很难过、很委屈。但是成熟的父母，不会因为子女情绪化的反应，而改变他们认为对子女成长最有利的决定。

有时，我们并不是很明了怎样才算是成熟有爱的回应。父母过度介入你的亲密关系时，可能觉得是在尽心尽力替你着想；你不拒绝这样的过分干预，也可能觉得是为了全家人的和睦。但是

如果从实际效果来考量，你会发现，模糊的家庭界限是一条会让所有人都很辛苦、痛苦的路。

记得《双面胶》这部电视剧中的先生对于不知道如何遵守家庭合理界限，采取了很多人都喜欢的"两面迂回"战术，一边附和母亲，一边乞求太太看他的面子忍一忍。

比如，母亲趁儿媳妇回娘家，抱怨她在饮食上不够克制谦让，两人日常花销太大，存不下钱。同时要求儿子不要把这些话告诉儿媳，说这是母子两个人的悄悄话。

母亲的这些做法，显然已经干扰到儿子小家庭的界限。那么儿子作何回应呢？原著小说中用了四个字——"点头称是"。儿子的默认，实际上支持了母亲对家庭界限的破坏。

儿子可能认为，接受母亲的意见和干预，是顾全大局，是爱和孝顺。但这份"孝顺"是否真正能给母亲带来幸福呢？答案是否定的。电视剧里，这个家庭最后闹到离婚，在小说里，甚至闹出人命。

即便这位母亲不待见儿媳的某些做法，也一定不希望看到儿子妻离子散。儿子以"孝顺"的名义，放弃对家庭界限的维护，最终事与愿违。

爱父母，应该比他们想得更成熟、看得更长远，做出真正能让他们放心、幸福的选择。

界限合理，家庭各种关系就不会出错

提及家庭界限，许多人都会有很大的心理压力。他们会说："可我很爱我的父母""父母是我最亲的人""恋人可以再找，父母却是一辈子的"……

这样的表达透露出一个观点：与原生家庭建立合理的界限，意味着对家人的背叛和伤害。这真是一个天大的误会。

某种程度上讲，这种把划分家庭界限，等同于不孝，反而阻碍我们成熟、有效地孝顺父母。因为它无形中，把亲人和亲密关系中的另一半置于对立面。

我们平时也会听到一些言论，暗示我们如果与父母讲分寸，就等于有隔阂。比如，有的妈妈看到儿子对媳妇很体贴，就会带着醋意说："真是娶了媳妇忘了娘啊！"看到女儿维护女婿，就讲："真是嫁出去的女儿泼出去的水，胳膊肘往外拐啊！"

子女听了这样的话，可能会想，我还没怎么样，父母就已经这么难过了，我要真和他们讲分寸，不知道他们会多伤心呢！

其实，爱子女不等于可以随心所欲地干预他们的生活，孝顺父母也不等于要接受他们的过度介入。**清晰的家庭界限，本质上是用一种成熟的心态来爱护所爱的人，包括亲密关系中的对方和彼此的父母家人。**

我们反复强调合理界限的重要性，大家一定要记住"合理"两个字。我们并不是鼓励大家和父母越疏远越好，不是说越与父母关系疏远，亲密关系就能发展得越好。

相反，与家人有合理界限的成年子女，更可能和父母有高成熟度的亲近；这种亲近不是干涉、勉强对方按自己的意愿生活，而是尊重、支持对方及对方的选择。

有的朋友在维护家庭界限的操作上，存在一些问题。比如对家人的过度介入先一味忍耐，忍无可忍时，就与父母产生激烈的对抗和冲突；事后，看到父母很伤心，又陷入自责，继而恢复到从前对家人的过度介入忍耐纵容的状态，甚至迁怒于亲密关系中的对方，怪对方影响、破坏了自己和家人之间的感情。

其实，过分的疏远或忍耐，都是彼此间的关系缺乏分寸的表现。实际上，与原生家庭界限明晰的夫妻，可能经常接受父母合情合理的意见，但在需要说"不"时，不会因不知如何拒绝而勉强接受。

被动地由父母左右夫妻间的内务，是界限不明的表现；而有选择地邀请家人参与夫妻俩一致认为适合他们参与的事务，可以算是彼此之间界限得当的表现。

再有"罪恶感"，也要划出合理界限

在我们的文化里，情感关系的亲密度常常表现为彼此联系的紧密度，对父母的孝顺又在很大程度上强调"顺"。什么叫顺呢？有的朋友理解为父母怎么说，我就怎么做。既然父母为我们付出了那么多，总是希望我们好，那凡事听父母的话，似乎就是对养育之恩的一种回报。

在这样的心态下，当我们想到要与原生家庭划清界限，往往伴随强烈的罪恶感，觉得好像是在预谋一件大逆不道的事，心理负担非常重。

小时候，我们会觉得成天缠在父母身边最踏实、最有安全感。我们可能会不想去上学，担心他们把我们送到学校，就不再来接我们了。

而爱我们的父母，不管心里有多么不忍，都会明白我们到了该上学的年纪，不能再总是守在自己身边。因此，不管我们哭闹得多厉害，父母都会坚持让我们上学。

当我们成长到有能力组建自己的家庭时，也需要有相应的成熟度，来坚持做一些不容易、却必要的决定。其中就包括建立和维护与原生家庭间的分寸。

合理的家庭界限，不仅能够给予亲密关系成长的空间，也是对父母成熟、理智的爱护和孝顺。

生活中常见到这样的例子：夫妻俩闹矛盾，一方在气头上，向家人倾诉、抱怨。可是，当我们愤怒时，对事件的看法和叙述往往比较片面，让听者误以为都是对方不好。

心疼我们的父母，只接收到单方面的信息，很容易焦灼、武断地给对方做出一个负面的评判，比如觉得儿媳不贤惠，或者觉得女儿跟着女婿很委屈等。

过几天，夫妻俩和好如初了，而被牵扯进来的父母却还仍然受着这种担忧的折磨，心疼自家儿女遇人不淑。把家人卷入亲密关系内部的矛盾，往往是因为与亲密关系中对方的矛盾让自己焦虑而无法自我平复，于是不由自主地通过拉进第三方，来寻求情绪上的暂时排解。这样的出发点虽不是主观恶意，却是自私自我的，很容易无形中给父母造成极大的心理负担甚至伤害。

你需要具备什么能力与原生家庭划出合理界限

我们大约都曾有过这样的体验：与父母闹别扭时，不管谁对谁错，谁输谁赢，心里都会堵得慌。这是因为亲情的紧密联系会使彼此的情绪极其容易互相影响。也就是说，父母的不开心、不适应可能会导致你自己也心情不悦，对家庭界限的维护感到很艰难。

这就要求你对为什么要去维护家庭界限有清晰而坚定的认识，同时在执行过程中，能够有效地平复自己的情绪。

原本你和父母是一个联系紧密的小家，现在有一个系统以外的人闯入，与你组成新的亲密关系，这是对既有关系模式的挑战，对原生家庭所有成员而言，都是一个很不容易的适应过程。

在这个适应过程中，有的父母出于焦虑、不舍、害怕失去，可能会有比较极端、悲观的表达，使子女很伤心，从而也情绪化地说出伤人的话，或者干脆放弃对家庭界限的维护。

比如，我们可能会听到这样的对话，母亲对儿子抱怨："哎，真是娶了媳妇忘了娘啊！你媳妇说什么就是什么，妈妈的话就当耳旁风啦……"儿子就急忙说："妈，你千万别这么说！我按你说的做还不行吗？"

或许有人觉得，这类场景中的母亲好恶毒，但其实人与人的交往中，所有人都是在能力范围之内，做自己觉得最行得通的事。从母亲的角度来看，既然但凡自己一感叹，儿子就会立马抛弃对他的小家的家庭界限的维护，听从自己的安排，那么，她可能会觉得情绪化的抱怨，就是与儿子保持紧密联系最有效的方式。

儿子与其劝服母亲不要做出情绪化的反应，不如先学会平复自己的情绪，通过回应机制的改变来调整彼此的互动模式。

维护合理家庭界限的前提，需要我们具有相应的成熟度和独立性。

有个二十多岁的男生，毕业后找工作很不顺利，一直住在家里，吃穿用度都由父母负担。后来，男生交了一个女朋友，彼此很中意，可男生父母却觉得女生配不上自家儿子，非常反对。

男生说尽好话，可父母的意见很坚决："你要继续和她在一起，就搬出这个家！你的事我们管不了，但起码眼不见心不烦。"

在这种情况下，男生若不允许父母介入自己的亲密关系、尊重自己的选择会奏效吗？很难。

如果在生活中，很多方面还需父母来庇护、操心，单单指望他们在自己的亲密关系上，把自己当作一个成熟、独立的个体来对待，就不太现实。

与家人划定合理的界限，不仅表现在当他们的介入与自己意愿相违背时，也包括拒绝他们的过度帮助。

分别"管好"自己的原生家庭

与原生家庭建立合理界限，最好是夫妻两人，分别主管自己父母的过度介入和干扰。

如果你的行为透露出对合理界限的重视，会对你的家人起到示范作用。相反，如果你对自家父母的过度干预显得无所谓，那么他们也不会觉得有必要尊重你的亲密关系。

例如，小两口想利用年假去美国旅游，男生的妈妈知道后，赶紧劝，"你们别走那么远，又贵又麻烦！不如去新马泰，性价比高。"男生想了想，说，"妈，你说的有道理，听你的！"回家后，跟太太讲："我们还是去新马泰吧，我妈说咱们该存钱了。"

去哪里旅游，本身不是一件大事。但男生的处理顺序，破坏了合理的家庭界限，这比选择旅游目的地要严重得多。

我建议大家有意识地养成一个好习惯：涉及夫妻双方的事，先和对方商量，再回复父母。

哪怕父母的意见只涉及很小的事，或者你预想对方一定会同意，也一定要坚持，先与对方商量。这样做既能维护关系分寸，也是向家人示范你对合理界限的看重。

（1）重行动，轻言语

首先，注重行为所传递的信息。有的朋友在被父母干预到厌烦，或引起激烈冲突时，会口头上宣告一下主权，对父母说："我的事儿，你别管！"但在行为上，却继续接受他们的过度介入。如果你的行为与言语表达自相矛盾，那么言语上的划界，就不会起太大作用。

就像有人总对你说，"你是我最好的朋友。"但你发现，这人总在背后损你、骂你，在你困难时落井下石。你会明白，对方不是真正拿你当朋友。

因为实际行为对关系模式的界定，比言语来得更生动、直接、有效。

同理，建立家庭界限时，如果光喊独立的口号，执行起来却总是妥协退让，那亲密关系与原生家庭间的界限多半会模糊不清。

（2）养成事事先与亲密关系中的对方通气儿的习惯

养成事事先与亲密关系中的对方通气儿的习惯，不仅能起到示范作用，也使对家庭界限的维护，从小处做起，而不是等到矛盾升级时，才激烈对抗。

我们通常会遇到这样的情况，妈妈打电话，说周日有亲戚来做客，要你们一起回家吃晚饭。这时，如果周末没有其他活动，很多人会先答应妈妈，然后转告对方这个既定安排。

如果从建立合理界限的角度出发，你需要先和对方商量，然后再回复妈妈。哪怕你已经决定周末会去，但告诉妈妈你需要先和对方商量，就是对合理界限的维护和示范。事情本身可能很小，但重要的是，你有心与对方商量，并让家人感受到你对对方的尊重、在乎。

我们再来看一下这两种不同的回应：

第一种："好，我回去告诉他。"这是通知姿态。

第二种："我先和他商量一下，然后我们再给你回话。"这是协商、共同决定的姿态。

也常有人会劝另一半，"这也不是什么大事，我们就顺着父母的意思吧。"或者，"爸妈把我养大不容易，你就忍一忍吧。"

然而，当一方忍无可忍时总会爆发，到时将给两人和各自父母造成更大的伤害。顺着父母只会导致大家都没有练习、适应家庭界限的机会。

（3）重复、坚持

合理家庭界限的建立，还需要行为有一定的稳定性，需要一个重复和坚持的过程。这个过程建立在你对合理界限的理解不偏执和心态平和上。

比如，你有心与妈妈建立合理界限，对之前的过度分享做一些调整。于是决心不告诉妈妈先生最近借了几万块钱给他的朋友，而你并不太赞成。这样有选择地隐瞒，就是维护了夫妻内务与原生家庭间的界限。

然后隔天妈妈问你，"女婿最近好像心情不好，你们之间闹矛盾了？"你答道："是啊，他前段时间非要炒股，结果赔了好多，本来我们今年计划出国旅行，结果没钱了，只能取消。我正跟他怄气呢！"这个情绪化的抱怨，很大程度地抵消了之前你对合理界限的维护。因为你对界限的界定和维护，缺乏稳定性。

再如，有人对家庭界限的维护非常情绪化。今天遇到某件不开心的事儿，觉得父母很烦，就一刀切地拒绝他们所有的关心和意见。第二天又觉得过意不去，在自责愧疚的情绪之下，反转到一切全听父母指挥。

时而特别隔阂，时而完全没有界限，在两个极端摇摆，这样的大起大落，根本无法建立清晰的家庭界限。

总之，我们要有心理准备，一旦决定建立、调整合理的家庭界限，原生家庭的所有人都会一时难以习惯和接受。这时，我们从小事做起，重行动、轻言语，顶住压力坚持，就会守得云开见月明。

维护家庭合理界限，一定不要情绪化

婚后，两人和张先生父母同住一个小区，张妈妈常常会来小夫妻的新家，帮他们打扫一下卫生。有时会抱怨两人家里太乱，问儿子，儿媳做家务是否勤快。

夫妻俩并不太理会婆婆的这些唠叨，觉得既然有人帮着做家务，自己节省了好多时间和精力，那婆婆嘴碎点，评论几句也无妨。

结果有一天，婆婆直接当面责问儿媳："你老公成天工作这么辛苦，你是不是应该多收拾收拾家啊？我儿子回家，看着这乱糟糟的屋子，能不心烦吗？"儿媳不甘示弱，当时就很火大地回过去："我们结婚前就商量好了，他是要帮我做家务的。我又不是他娶来的佣人，我也挣一份工资。你不要用你的老观点来管我们的事！"

可想而知，本来和睦的家庭关系里，埋下了矛盾和冲突的种子。

那么，张先生和张太太可以怎样更有效地来维护家庭界限呢？

首先，当张妈妈主动帮忙打扫的时候，张先生最好能对妈妈说："我们俩已经商量好了怎么来处理家务，妈你不要太操心，你有时间就多休息一下，我们把自己的生活过好没问题。"

如果婆婆要动手打扫，张先生最好能够拦住。虽然拒绝张妈妈的主动帮助，意味着夫妻俩可能要多做一些家务，但界限的维护，需要我们有相应的承担。如果两人能及时回绝婆婆幅度较小的过分介入，就是对家庭界限的有效维护和示范。

其次，女生面对婆婆的责难，只需要说："妈，谢谢你帮我们做了这么多。"然后，不必有更多言语上的回应。

这么做首先避免在气头上和婆婆直接理论，前文提到，合理的家庭界限是执行出来的，不是宣告出来的。相反，言语上不择时机和过分强硬，很容易使"维护家庭界限"这一正常、善意的事，变成充满火药味的对抗。

如果婆婆继续对两人在家务上的处理过多点评，应由先生出面，温和而坚定地回绝来自他原生家庭的过度干扰。

此外，面对婆婆的责难，张太太需尽量理解婆婆的动机并非恶意。在亲密关系的互动中，对方的行为，常常会验证你对他出发点的判定。

换言之，假如太太心里认定，婆婆存心找她麻烦，那么在与婆婆的互动中，就会很自然地带有自我保护和对抗的意味，在这种情况下，婆婆的回应也就更可能印证"存心找麻烦"的负面预设。

相反，如果太太相信婆婆的出发点，是希望两人的生活品质更高，那她就更有可能平和应对，而非情绪化地还击，致使矛盾加剧。

祝大家都能享有合理清晰的家庭界限！

陈若汐，美国婚姻家庭咨询专业博士生导师，美国婚姻家庭咨询协会全国认证督导。获得美国西北大学婚姻家庭咨询硕士学位，维吉尼亚理工大学婚姻家庭咨询博士学位。

Chapter *6*

有什么样的父母,
就有什么样的"复印件"
——孩子

女儿是爸爸最好的心理医生

没有人天生就是好父母，任何人都必须向自己的孩子学习，才能慢慢变成好父母。所以，孩子应该是父母的老师啊。

人生有很多自己做不了主的事

亲爱的小人：

之所以叫你"小人"，有两个原因。一是我第一次看见你的时候，你的确很小，胳膊腿细得像我的手指；二是"小人"这个词稍带贬义，就算是对你有时候调皮，而我又对你没什么办法的一种"报复"吧。

首先，我想对你说抱歉，因为我们没有征得你的同意，就让你来到了这个世界。也许你觉得好笑，你都没有出生，怎么可能征求你的意见呢？但爸爸这样说是认真的，**人生有很多自己做不了主的事情，出生就是最初的那一件，死亡是最后的那一件。**

当然，不仅仅是你，我们周围所有的人，都是这样莫名其妙地来到这个世界上，后来又不得已才离开的。爸爸和妈妈也是这样来到这个世界上。我们在生活了二三十年后，觉得这个世界还不错，就决定让你也来看看。

所谓不错的意思，就是这个世界有很多有趣的地方，但它并不完美，还有很多不那么好的，甚至丑恶的地方。甚至有一些人认为，人生不如意的事情占十之八九，这真的是很大的比例了。当然，有更多的人认为，人生的大部分是很美好的。

不论你以后怎么看待生活，爸爸都想跟你订一个"君子协定"：如果你觉得这个世界精彩又好玩，你不必谢谢我们；如果你觉得人生痛苦又无趣，你也不要责怪我们，好吗？

学习爱和被爱，是人生最重要的功课

有一些父母觉得，自己把孩子带到这个世界，并把孩子养大，所以孩子应该感恩。现在你知道了吧，把孩子带到这个世界，最多是件不好不坏的事情；而养育孩子，则是父母应尽的责任和义务。法律规定，不养育孩子的父母亲，是要负法律责任的，并且会遭到众人的谴责。从这个意义上来说，父母养育孩子，最低限度只是没犯法而已。我们不必对仅是没犯法的人说，谢谢你啊。

你的出生，是我一生中最重要的事情。从此我升级为爸爸，这可是一个人一生中最大的"升迁"。八年来，你一直都在教我怎么做一个好爸爸，你教得很好，我呢，也在不断地努力学习着。

你出生之前，爸爸只是做着你奶奶的儿子，无止无休地接受着奶奶的爱，而没有学会怎么给予爱。爸爸想告诉你，**学习爱和被爱，是人生最重要的功课**。有了你之后，爸爸才学会了怎么给予爱。你以前那么弱小，而你以你的弱小衬托了我的强大。在你感到害怕，搂着我的时候，在你让我为你打开矿泉水瓶盖的时候，从你无比欣赏和崇拜的眼神里，我感受到了自己的价值和能力，我觉得这是这个世界上最真诚的信任和赞美。爸爸从你那里得到的荣誉和鼓舞，远远超过了其他方面。

你是爸爸的心理医生

爸爸是别人的心理医生，而你却是爸爸的心理医生。当爸爸的内心变得不那么宁静时，你纯真灿烂的笑容可以很快让我从心灵的泥潭中走出来，变得跟你一样轻松快乐。看心理医生是需要花钱的哦，所以我还欠你一大笔治疗费啊，哈哈。

你的出生，还延伸了我的生物学存在，使记忆了我的信息的基因可以在这个星球上持续地存在下去。人来到这个世界上，迟早都会离去的，但因为你，爸爸即使离开了，却还有一些东西留着，这会让爸爸觉得很安心、很自豪呢。

你还让我学会了爱自己，不以自己的牺牲，来换取对你的控制的权利。有些不那么会做父母的人，把自己弄得惨兮兮的，他们会对孩子说，为了你，我舍不得吃，舍不得穿，拼命地工作，等等。他们这样做，实际上是想操控孩子，使孩子丧失维护自己权利的伦理立场和道德勇气，对父母哪怕是无理的要求，都无条件地服从。

　　我从来不认为父母都是对的，父母都是从孩子慢慢变成的，既然孩子可能犯错，变成父母后同样也会犯错误；怎么可能一变成父母就不会犯错误了呢？而且，**没有人天生就是好父母，任何人都必须向自己的孩子学习，才能慢慢变成好父母。所以，孩子应该是父母的老师啊。**

　　选择之后，就要承担选择的后果。如果选择正确，享受成功的快乐，应该没有什么问题。但另一种可能是，承受失败的痛苦和压力。其实这也没什么，**人生如果只有成功和喜悦，那也会很无趣的。人生的真正快乐，多半来自于一些具有较大反差的情感体验，任何单一的情感体验，都会使人生这场筵席，变得低廉和乏味。**

　　请记住，爸爸会祝你成功快乐；但是，如果你的选择错了、失败了，爸爸永远都在一个可以让你休息和疗伤的地方等你，你愿意休养多久都可以。等你重新振作起来，再鼓励你上路。爸爸决不会在你遭受挫折的任何时候，幸灾乐祸地说：当初你要是听爸爸的，就不会有今天这样的状况了。

　　爸爸既然已经准备好，分享你的成功和幸福，也就同时做好了分担你的失败和悲伤的打算。好朋友都会这样做的，何况我是爸爸呢？

一个人活着的价值，就在于自己可以做出选择

　　人生最大的选择，也就两个：事业和婚姻。其他的选择，都是围绕着这两个核心展开的。

　　亲爱的小人，到了你选择专业方向的时候，你已经都成年

了。爸爸会基于对你本人和对各个专业的了解，对你提出建议，最后让你选择自己最喜欢的。

一个人一辈子最幸福的事情，莫过于做一件自己爱做的事情，并且可以通过这件事，养活自己，获得荣誉。我可不愿意你错过这样的幸福，而代替你做出决定。爸爸现在从事着自己喜欢的职业，并因此而幸福。因为爸爸现在的职业，就是爸爸自己完全根据自己的喜好选择的。虽然很辛苦，但爸爸一直都很高兴地工作着呢。

婚姻是个人生活方面最重要的事情。到你谈婚论嫁的时候，已经比决定专业方向的时候更晚了，你也更加成熟了，所以爸爸应该更少说话了。跟专业选择相比，你的婚姻更应由你自己决定。从人生的大背景来说，爱情和婚姻，是人投注情感最多的地方，所以也是最有趣的地方。如果连这件事都是被人幕后指挥、决定的，那人生还有什么乐趣呢？

很多父母代替孩子决定婚嫁对象，实际上是剥夺了孩子人生的快乐。这样的父母很自私呢：相当于让自己享受了两辈子的选择的快乐，而让自己的孩子一辈子也没活过。

一个人活着的价值，就在于自己可以做出选择啊。在你人生的所有重大选择上，爸爸都是最热情的观众。爸爸要再次谢谢你，在爸爸的下半生，你会演出如此吸引我注意力的戏剧给我看，这会使我远离孤独和无聊，而且在我的今生今世，就已经延伸了我的生命。所以爸爸觉得，**养儿养女，不是为了防老，而是为了观看自己的一部分，活得比自己更丰富、更精彩。**

作为爸爸，我会极大限度地让你享受选择的快乐

我永远都不会跟你谈孝顺爸爸妈妈的事。因为我觉得，如果在你小时候，我们对你很好，我们老了你自然会对我们好的。我不想把这样自然而然的事，当成伦理道德的压力施加给你。就像我会自然而然享受美食，而不必总是给自己强调，不吃饭就会死去一样。

自然的力量是很强大的，把孩子对父母的自然的爱，硬性规定成一个道德准则，是大家犯的最为愚蠢的错误。我甚至不会对你说，将来要对你的公公婆婆好，因为我知道，**一个心中有自然而然的爱和情感的人，也会自然而然地爱她的爱人以及对方的亲人**。这样的爱，可以给你幸福，也可以使跟你有关的人幸福。

你一定要问，这个世界上为什么有那么多对父母不孝的人呢？**爸爸告诉你，孩子的不孝，是继发性、反应性的。**

简单地说，**一个孩子如果在小时候，没有得到父母高品质的爱，那他也就没有爱的能力，所以就对父母也没有爱了**。孩子出生时，几乎就是一张白纸，爱和恨的能力，都是后来学会的，而学习的主要对象，就是父母。

抚养你的确是一件很辛苦的事情，你的一切都会成为我们担忧的焦点：成长、健康、饮食、安全、交友、学习、游戏，还有以后的专业、工作、择偶、婚姻和生育。从你的祖父辈那里，我们知道，这可是一个没有尽头的艰辛旅途呢！但你不必内疚，我想说的是，你带给我们快乐，带给我们活着的意义，远远超过了我们付出的辛苦。

人生美好的地方之一，就是你经常需要做出选择，而且，你事先并不知道，你的选择是不是最好的。这样的有点"冒险"的感觉，会极大地增加活着的乐趣。

亲爱的小人，作为爸爸，我会极大限度地让你享受选择的快乐。现在你已经8岁，只要在起码的、必须强制执行的规范内（比如法律和基本礼貌），你愿意的事情，我都只提建议，提供选择的可能性，最后都让你自己做出决定。而且我坚信，你会做出对你最有利的决定。

在你18岁以后，我建议的话都会更少说了。当然，如果你主动征求我的意见，那你要我说多少，我就说多少。

人生在世，如果重大事情都是别人，哪怕是父母说了算的，活着还有什么乐趣？的确，每个人的选择都有选错的可能，但是，自己的错误选择，不管怎样都比别人代替自己，做出的正确选择要好。

就像下棋一样，你旁边站着一个世界冠军，他不断地指挥你下棋，他的指挥绝大多数都比你高明，但是，你如果都听了他的，那你不过是他的傀儡罢了，下棋还有什么意思？所以别理他，听自己的，是输是赢不重要，重要的是，这是你自己在下棋！

曾奇峰，中国心理卫生协会精神分析学组副组长，中国卫生专业技术资格考试专业委员会成员，华中科技大学同济医学院心理卫生研究中心学术委员会委员，武汉中德心理医院创始人、首任院长(1988年)，全国独家心理咨询杂志《心理辅导》专栏作家。

如果你是父亲，
你想女儿变成什么样

　　如果女性从小就能够从一个重要的男性——父亲那里得到肯定和认可，她就不会拼命想要从别的男人那里得到肯定和认可，因为她已经拥有了。

为什么她会迷恋已婚老男人

　　艾尔莎长得很漂亮，皮肤干净、白皙，就像陶瓷娃娃，有一头浅棕色的长发和一双湛蓝的双眼。

　　艾尔莎的父亲在她四岁时去世了，她对父亲的记忆只有一些模糊的画面。母亲之后又有过两段婚姻，生育了两个孩子。由于艾尔莎和继父冲突不断，母亲只能将她送到寄宿学校。

　　艾尔莎进入寄宿学校后不久，就暗恋了一位男性——她的数学老师，一个 40 多岁的男人。这段暗恋长达三年，无疾而终，艾尔莎和母亲去了另一个城市。她 19 岁的时候，开始在一家保险公司工作。

不久，她发现自己无可救药地爱上了自己的老板——一个年长她许多的男人。那个男人有一个看上去很幸福的家庭，有三个小孩。

艾尔莎和这个男人偷偷在一起了。她非常喜欢听这个男人谈论自己的孩子，每当这个男人表示对自己孩子的深爱之情时，艾尔莎就听得入迷，甚至偷偷想象自己就是他的孩子。虽然这个男人明确表示了不会和艾尔莎结婚，艾尔莎还是愿意和他保持这种关系——她无法想象失去他的生活会是什么样，她需要这个男人给她指导、建议、爱和关怀。然而不久，艾尔莎发现自己怀孕了，她希望能够生下这个孩子，但男人说没办法抚养一个私生子，如果艾尔莎执意要生下这个孩子，他就会离开她。艾尔莎不得不放弃这个孩子，堕胎以后她患上了严重的抑郁症。

雪上加霜的是，他们的关系被男人的家人知道了。男人最终选择了放弃她，维护自己的家庭。这个结果给了艾尔莎致命的打击，她出现了精神分裂症状。在精神病院治疗了一年半后，她病情渐渐好转，回到了母亲居住的社区，由心理咨询师负责后续的观察和辅导。

艾尔莎的病情并不稳定，反反复复。她多次陷入和已婚男子的情感纠缠中，即便她知道自己这种行为并不正常，但是她对"父亲"的迷恋却如同毒瘾一般，无法戒除。她的事业一塌糊涂，她对自己的人生规划不清晰，一旦她找到了一个"男朋友"，她就不会再去工作，像个小女孩般依靠这个人生活。

为什么巨星不想远离"家暴狂"男人

蕾哈娜出生于东加勒比海一个叫作巴巴多斯的国家。母亲是来自南美洲法属圭亚那的会计，父亲则在一家服装厂担任仓库管理员。蕾哈娜的父亲是一个酒鬼，常常对她的母亲施暴，由于母亲不堪忍受殴打，在蕾哈娜 14 岁那一年，母亲选择了离婚。

家庭虽然不幸，上天却给了这个女孩一副好嗓子。

一次偶然的机会，她被美国著名音乐制作人发现，由美国著名说唱歌手 Jay-Z 包装，成为美国当红的歌手之一。从饶舌到舞曲，从流行到 R&B，她获得了 7 座格莱美奖杯，9 座全美音乐奖杯，4 座全英音乐奖杯，22 座公告牌音乐奖杯，她的音乐天赋，让她成为美国家喻户晓的明星。

名利双收时，她的情感之路却一片狼藉。

2009 年 2 月 8 日，原本计划在洛杉矶为第 51 届格莱美颁奖礼献艺的蕾哈娜，在开场前突然取消演出。事后，在洛杉矶警方曝光的照片中大家才知道，蕾哈娜被男友克里斯殴打，伤势严重。这次暴力事件曝光后，蕾哈娜和克里斯分手。那时大家才知道，这个世界一流的女歌手，竟然常常被男友殴打。

更戏剧性的是，在所有粉丝都反对蕾哈娜和克里斯复合的时候，两人又旧情复燃。对于这次复合，蕾哈娜说："他就是我爱的那种类型，我太爱他了，而且这是种毫无保留的爱。"然而不久，蕾哈娜被克里斯殴打的事情又被爆出。两人再次分手。

作为一个从小见证父亲殴打母亲的女孩，蕾哈娜是怎么看待男友伤害自己这件事呢？她在奥普拉脱口秀上说，自己仍然爱着克里斯。因为从小见到父亲对母亲实施家庭暴力，所以她理解克里斯当时的行为，可能只是一种寻求帮助的方式。

毫无悬念，两人不久又复合了。蕾哈娜说："这完全是出于爱，所以能不计前嫌。对于我们的复合，很多不明内情的人说三道四，但我认为个人的快乐才最重要，而且也不会让旁人的意见左右自己的决定。"

父亲对女儿一生有什么样的深远影响

父亲对女儿最大的影响，有两个方面。

（1）父亲应该教会女儿的：即便没有男人，你也能使自己快乐

如果女性从小就能够从一个重要的男性——父亲那里得到肯定和认可，她就不会拼命想要从别的男人那里得到肯定和认可，因为她已经拥有了。

一个拥有理想父爱的女性，可能会较少出现饮食障碍、行为问题，也不容易患上抑郁症。父亲教会女儿的道理是，即便没有男人，女性也能使自己快乐——她自己就已足够完整。

当然，并非所有父亲都是充满慈爱的，有些父亲很挑剔，有些没有责任心，有些很自私，等等。所有这些人格缺陷，都会使

女儿缺失正常的父爱。

（2）父亲应该在女儿面前树立的标准：尊重女性，爱护女性

最初的依恋模式，塑造了人们对未来依恋模式的期待。父母总在无意识中就教会了孩子，如何表达和接受爱，如何处理分歧，如何表达感受，如何看待人与人之间的各种互动。无论是错是对，有益或有害，孩子最初都只能学习父母的模式。

通常，一个女性接触到的第一个她爱的男性，就是自己的父亲，与父亲的关系会影响她对未来亲密关系的期待，她会在无意识中，将伴侣与自己父亲对比，甚至可能期待从他那里，得到"父亲般的爱"。

有的女性说，我讨厌自己的父亲，我选择的伴侣都和父亲完全相反——然而她们没有意识到，一个"完全相反"的选择，也是基于自己的"父亲"。

一个缺乏父爱的女性，会永远想要填补这一块空缺。她们总想寻找一个时时刻刻都关注自己的男性，很难发展出一段充满信任的关系。当一段关系已经变得有害，她们也很难离开，即便受到身体或者精神上的虐待，她们也愿意继续留在那段关系中。因为她们离开的并不是一个伴侣，而是她们内心小孩的父亲。

一个对家庭充满责任、尊重爱护自己妻子的丈夫，在无意识中为女儿设立了丈夫的标准。女性如果建立起"在一段关系中，男性应该怎样尊重女性、爱护女性"的标准，她是不太可能找到一个对女性不尊重、不爱护的男性，即便暂时被吸引，也会很快离开，不会纠缠不休。

缺失父爱的女性，更容易过早和男性发生性行为。她们选择的伴侣往往也会很糟糕。如同饿着肚子走进超市的人很可能会买回来一堆垃圾食品一样，对父爱饥渴的女性，感情史上也总会充满一堆"渣男"——她们会被肤浅的关系吸引，却渴望从中寻找温暖、真诚或者尊重。

在怎样与男性交流上，父亲比母亲的作用更大。

那些拥有高质量父爱的女性，更加开朗自信，她们不会在男性群体中，感觉害羞和不自然，她们坦率真诚，敢于接受职场和人生的挑战，换句话说，她们内心更有力量。对于一个女性，父爱缺失，会给她们的心灵带来创伤，这种创伤会破坏她的自我价值，影响未来她和男性的关系。这些女性往往难以和男性维持一段理想的关系，婚姻也大多有所损害。在她的婚姻中成长起来的孩子，也可能会变得和她一样——缺失父爱或者和父亲关系不好。

缺失父爱的女性如何保护自己

如果一个女性已经成年，她该怎么做才能弥补自己内心的缺失呢？

a. 首先，这个女性需要知道，缺少高质量的父女关系会对她造成什么影响。一旦发现自己在努力填补那种对父爱的需求，就要意识到，自己处于危险的状态中。

b. 努力对抗那些威胁亲密关系的行为。如果发现自己总被某种"危险"的男性吸引，就要拒绝和这个男性陷入一段亲密关系。

c. 通过学习或者寻求其他资源，比如心理咨询、婚姻咨询等，解决如何建立亲密关系的问题。

d. 求助。不要害怕将你的弱点告诉你的男朋友或丈夫，当你决定疗愈过去的创伤时，积极向他寻求帮助，请他多给你点耐心。

小楼老师，作家，擅长儿童发展心理学、教育学领域。微信公众号：欧美爸妈（ID：bbmm332211）。

母亲对儿子的最大的影响是什么

母亲对男孩最大的影响表现在情商方面。父亲的角色往往倾向于压抑自己的感受，尤其是关于如何表达爱、喜悦、赞赏、悲伤、忧虑等情绪，但母亲能更自然地表现这些情绪，男孩可以从母亲那里学会如何表达，以及如何控制这些情绪。

母子关系对男性的影响，
在某些方面超过父子关系

曾经有个朋友，她交往了一个家境富裕、样貌英俊的男子。但和这个男子约会了几次以后，她发现他对自己母亲的评价很低，甚至时常说自己的母亲是个"白痴""什么都不懂"。她问我，是否还该和这个人交往下去。我问她，他对你怎么样？会照顾你的感受吗？

她说，很少。他很喜欢控制一切，什么都由他说了算，如果我要做决定，他就会找出很多不满意的地方。

我劝她说，还是趁早分手吧。一个对自己母亲评价恶劣的男人，不会尊重和爱护自己的伴侣。

为什么会这样？

那些在家里没有任何地位的女性，她们一直给孩子传递一个信息—— 女性是卑微的，女性不应该被尊重，所以作为这个女性的子女，孩子内心也会有自卑感。这样的孩子会嫌弃自己的母亲，渐渐向父亲或者有权力的男性亲属靠近。

当儿子成人之后，也不会尊重其他女性。虽然会追求女性，但是根本就不爱她们。女性若与这样的男性交往，无论精神上还是肉体上，都可能会遭到极大的伤害。

母子关系对男性的影响，在某些方面超过父子关系。

母亲对男孩最大的影响表现在情商方面

很多母亲总是听到这样的说法，如果男孩和母亲太亲近，将来会变得娘娘腔，没出息。但事实却是，过早分离母子关系，鼓励男孩"像个男人"一样，会影响男性发展出健全的心理。

母亲在孩子婴儿期，若总能满足孩子的需求，将会和孩子发展出良好的依恋关系，能为孩子建立起全然的安全感。

男孩与母亲之间建立的良好关系，会使他们成年后更加具有责任心。婴儿期未能和母亲建立起良好依恋关系的男孩，成年后可能会更加暴力、激进、具有破坏性。

良好的母子关系也能让男孩在校成绩表现良好。母亲丰富的情感常常会影响孩子阅读方面的能力，比父亲更能帮助孩子提高阅读和写作方面的技巧，而阅读能力是其他一切知识学习的基础。

在青春期，和母亲关系良好的男孩子较少出现冒险行为。当男孩面对是否进行危险行为的决定时——比如饮酒、吸毒、过早性行为，是母亲的教养或教导起到了最具有影响力的作用。大多数母亲不赞成儿子酗酒、过早进行性行为，如果母子关系良好，孩子自然会将母亲的约束和价值观带入自己的信念和准则中去。

母亲对男孩最大的影响表现在情商方面。父亲的角色往往倾向于压抑自己的感受，尤其是关于如何表达爱、喜悦、赞赏、悲伤、忧虑等情绪，但母亲能更自然地表现这些情绪，男孩可以从母亲那里学会如何表达，以及如何控制这些情绪。

美国心理协会的一篇研究报告发现，和母亲关系良好的男孩，不太会表现出过度男性化的气质，相反，他们认为一个男性不必要表现粗暴、单打独斗才能证明自己有男性魅力。

良好的母子关系，甚至还能预示孩子的事业能否成功，婚姻是否幸福。

如今，强势的性格、强悍的外表，已经不可能带领一个人通往成功了。相反，人类需要团队合作，这时情商就显得尤为重要。那些擅长处理人际关系的男性，更容易获得团队支持，也更容易取得成就。在寻求伴侣上面，高情商的男性也更有优势。喜欢"硬汉"的女性越来越少，"暖男"开始受欢迎。就婚姻满意度来说，"暖男"的婚姻更幸福。

什么样的母子关系是不健康的

　　一个男孩如果得不到母亲的爱，这当然是最糟糕的一种母子关系。这种关系会引发出一系列人格缺陷，男性成年后更容易具有反社会人格。这种关系对孩子的消极影响很明显，我们就不多说了。**有一些母子关系看上去有爱、融洽，却并不健康，这些不健康的母子关系反而容易被忽视。主要有以下几种：**

　　（1）对母亲有深深内疚的儿子，爱抱怨的母亲

　　若孩子在小时候总是听妈妈说，她为自己付出了很多，如果不是他，她的生活可能会很好之类的话，孩子会对母亲有一种深深的内疚感，以至于成年后，他生活中很多计划都必须把母亲放在第一位。当他单身的时候，这个问题也许并不严重，但当他进入一段恋情或者婚姻以后，母亲可能会成为他亲密关系中影响最大的第三者。

　　（2）恐惧的儿子，强势的母亲

　　这种母亲如果在孩子小的时候总是恐吓他——"如果你不听话，妈妈就不爱你了"，孩子就会因害怕失去这种爱而感到恐惧。这种感觉最直接的影响就是——孩子不敢做自己想做的事情，或者说自己想说的话，因为他害怕会激怒自己的母亲，母亲会收回对他的爱。当他进入亲密关系以后，他的妻子会非常痛苦，一旦他妻子和母亲发生冲突，他会选择退缩或者责备妻子，因为他不敢反对母亲的权威。

（3）憎恨父亲的儿子，怨毒男性的母亲

这种情况多出现在单亲母亲或者离异家庭。男孩总是听到母亲否定自己父亲，甚至怨恨所有男性，有些人会渐渐出现一些身份认同障碍，甚至会憎恨自己拥有这个性别。还有一些人会尽量采用和父亲完全相反的行为模式，不接受自己性格中先天的特质。

我认识一位男性，他遗传了父亲艺术家的天分，却执着地去做了一名税务律师。这份工作与他的性格非常抵触，他不能从工作中获得满足感，总是有很多挫败感，然而因为从小就听母亲说，搞艺术的男人都是坏男人，还是做一些中规中矩的工作好。为了不让母亲"失望"，他选择了一份让母亲满意的工作。

不要在孩子身上重演父母对你的行为

在一个人人格形成的时期，除了先天因素影响，后天父母行为对一个人如何看待自己这种性别角色，有着举足轻重的影响。但是我们也需要认识到，虽然父母对一个孩子成长影响巨大，但是父母也只是普通的人，他们也受到自己原生家庭的影响。如果在成长过程中，父母给孩子造成过消极影响，这种影响也并非完全不可消除。当你能够觉察出自己父母对自己的消极影响后，就不要再在你抚养孩子的过程中，继续父母对你的行为。当你能够觉察那些对你不好的影响时，也就是你改变的契机。

小楼老师，作家，擅长儿童发展心理学、教育学领域。微信公众号：欧美爸妈（ID：bbmm332211）。

当孩子向父母表达愤怒时，最渴望听到哪三句话

"谢谢你告诉我你的愤怒。对不起，我无心中伤害了你。我的本意不是这样的。"

在一次人际关系取向的团体辅导中，一位中年女士，哭泣着表达了对带领者的出奇愤怒。之所以这位女性会有如此强烈的愤怒，是为什么？因为在团体辅导过程中，带领者无意间忽略了她，让她体验到曾在原生家庭中被父母忽视带来的痛苦与绝望。

面对这种情况，带领者仅仅说了三句话，便融化了她的愤怒，让她真切地体验到了在原生家庭中一直以来缺乏的包容、理解、爱与温暖。

这三句话是："**谢谢你告诉我你的愤怒。对不起，我无心中伤害了你。我的本意不是这样的。**"

按照美国心理学家欧文·亚隆的观点，在团体中，这样的

互动属于原生家庭的矫正性重现。当扮演权威的父母角色的带领者，以全新的模式与成员互动时，这种矫正性的体验，将能修复成员在原生家庭中的创伤。

这给了我们极大的启示。在亲子互动中，应该避免给孩子造成心理创伤。那么，当孩子向家长表达愤怒时，孩子内心最渴望听到的是什么呢？答案就是以上带领者说的三句话。为什么是以上三句话，这三句话为什么有如此神奇的效果？

谢谢你告诉我你的愤怒

在我看来，这句话是三句话中最重要的一句。

承认孩子的情绪，看到孩子的情绪，是高情商父母的必备技能。

当孩子对父母亲有情绪时，不管情绪的背后是何动因，家长首先要允许孩子自由地表达自己的情绪。允许孩子表达情绪，其实是允许孩子表达需求。

有些家长不允许孩子表达自己的负面情绪，孩子可能习惯性使用压抑、否认、隔离等防御机制处理负面情绪，表面看似风平浪静，实则可能埋下深层的心理问题和创伤。

事实上，当孩子在向家长表达愤怒时，往往是在表达自己的权益受到了侵犯。**心理学研究表明，愤怒和恐惧总是相伴相生。充满力量的愤怒，伴随虚弱的恐惧，其背后隐藏的，是对爱的渴望。**

例如，当一个孩子冲着家长怒吼："够了！我再怎么努力都是没用的，你们永远不可能满意的！"其愤怒的背后，是自己的努力没有被父母所承认、肯定，父母还一直苛求自己，让自己感到委屈。而更深层次的原因，是孩子渴望得到父母的爱与关怀，担心父母因为自己不够优秀而不爱自己。

试想，当孩子如此表达愤怒时，家长不能看到孩子内心的需求，反而对此情绪进行批判、压制、说教，孩子的内心将受到多大的伤害！家长的这种不当回应，可能导致以下几种结果。

（1）孩子认为向家长表达情绪，是得不到理解的，以后不再这样表达了，反正自己是不值得被爱的，再怎么努力都不可能获得家长的爱，于是破罐子破摔，干脆不努力了。

（2）孩子觉得自己目前的状态，是得不到家长的爱的，于是为了引起家长的重视，证明家长是爱自己的，孩子可能会更加努力，以获取优异的成绩来取悦家长。又或者剑走偏锋，通过各种破坏性行为，以期博得家长对自己的关注。

（3）孩子觉得自己受到了极大的委屈，对父母充满了恨意，内心的愤怒正在一点一滴地聚积着，可能将来在某个时刻以更激烈的状态轰然爆发。

请你回首自己作为孩子时，你的父母对待你愤怒情绪的处理方式，或许会有更多反思。

所以，看到并承认孩子的愤怒情绪，觉察其情绪背后的意义，在此基础上进行亲子间的沟通与互动，才会卓有成效。

对不起，我无心中伤害了你

这句话的关键，在于家长承认自己的言行给孩子所带来的伤害，并为自己的言行道歉。也许在家长看来，自己的言行并不算伤害。此时，家长的认知，更多的是站在自己的立场上进行思考。而当家长尝试换位思考时，可能会发现，孩子之所以会在沉默中爆发，以愤怒的情绪表达出来，其内心往往是恐惧而脆弱的。

承认伤害本身，并非示弱或妥协，而是真正地站在孩子的立场上，去感受与理解他。为自己的言行道歉，则是对孩子进一步的理解与关怀。

有些家长认为，自己在孩子面前应该保持绝对的权威，不允许有任何差错，于是极力掩盖自己对待孩子时的错误行为或言语，在这个过程中，家长与孩子的距离越来越远，带给孩子的伤害也越来越深。

如果家长总认为自己永远是对的，错误的一方在孩子，则其抚养模式势必属于"我好—你不好"的模式，在该模式下成长的孩子可能存在以下两种情况：

（1）认同家长，形成"我好—你不好"的处事风格，这种风格的个体常常过高估计自己，妄自尊大，认为自己是最好的，总是对的，对别人的所作所为总是持怀疑、否定的态度，并且极力贬低。

（2）内化家长的观点，形成"我不好—你好"的处事风格，这种风格的个体常常持压抑心态，陷入自卑自怜的心境，总认为自己样样不如人，贬低自己，在社交上不主动。

你对待孩子的态度，可能不知不觉中，会影响孩子的一生。在心理咨询中，有的来访者为了得到家长一句道歉，与家长对峙了数十年，穷极一生，只为得到一句"对不起"。这样的故事让人唏嘘不已，却又是屡见不鲜。

当家长意识到，自己的言行已经明显误解了孩子，应及时道歉。一个敢于正视自己错误的家长，将能树立一个勇于担当的形象，以身作则，这对孩子的影响无疑是正面而积极的。

一句"对不起"，融化的是两代人之间的代沟与误解。每个家长曾经也都是孩子，回首自己是个孩子时，是否曾被家长误解和打击，当我们想象父母向我们道歉时，自己内心的体验，或许我们也就明白了这句话的分量。

我的本意不是这样的，我的本意是……

这句话有着画龙点睛之妙，既是对道歉的进一步澄清说明，又能促进孩子回归理性思考，回到正常的沟通轨道。

很多孩子都会说："我知道父母是爱我的，只是爱的方式是错误的。"在孩子们看来，家长常常以爱之名控制孩子、侵犯亲子间的边界。遗憾的是，大部分家长没有发现，或者发现后敷衍了事。

面对孩子的愤怒，当家长能意识到自己的言行，在无意中给孩子带来了伤害时，应及时地进行道歉澄清，否则，这种误解给亲子关系带来的影响，以及给孩子带来的心理上的伤害，将会随着时间推移，和类似事件的发生而累积、泛化。

人们常说，"理解万岁"。在亲子关系中，尤为如此。澄清误解是理解的前提。

苏芮与潘玮柏有一首合唱歌曲，《我想更懂你》。在这首歌曲里，处于青春期的儿子认为母亲总是管束自己，却不是真正关心自己，愤怒地摔门而去。而现实生活中，这样的事例，数不胜数。家长想更懂孩子，更爱孩子，只是经常用错了方式，致使孩子所感受到、接收到的信息，往往变成了束缚、打压、控制……正如歌词中的母子对话：

> 每次我想更懂你，我们却更有距离，是不是都用错言语，也用错了表情。其实我想更懂你，不是为了抓紧你，我只是怕你会忘记，有人永远爱着你。
>
> 我其实没那么好战，我也希望说话可以婉转，不让你心烦，对你开口好难，我想要无话不谈。我的人生，我的个性，其实没那么烂，这就是我的内心，请你仔细地剖，我好想回到过去，看你微笑摸摸我的头……

当孩子能理解到家长的本意，并非不爱自己，只是彼此在爱的表达方式上存在着不恰当的情况，孩子的愤怒与恐惧等情绪，就能得到较为妥善的处置，亲子关系也将因此而能得到显著改善。

面对孩子的愤怒表达，这三句话你能理解并运用了吗？其实，这三句话作为模板，稍加改动，同样适用于应对其他人际关系间出现的各种情绪及沟通问题。

郑秋强，高校教师，国家二级心理咨询师，壹心理专栏作者。

与父母分离，
让我们成为真正的英雄

18—35 岁，这将近 18 年的时间，不正像是一个人从出生直至成年的时间吗？曾经与父母未达到的成熟分离，将借由我们自身成熟的那一部分，而获得巨大的成长。这一次"成年"，我们可以随时开始。

为何孩子不自信……

18—35 岁，或许是孩子与父母相处最艰难的时期。

18—28 岁被称为独立期，孩子认为自己能活出一片新天地，过上与父母不同的生活，实现自己独特的价值。与此同时，也渐渐开始发现，原来自己有许多心理局限："为何我不能更自信？为何我容易敏感？为何我的恋爱关系不平等？为何我在人际交往中不能游刃有余？为何我总是有生存压力，哪怕收入并不微薄？为何我总觉得自己不值得被爱？"这些问题，都指向成长经历中父母教养方式的问题。

孩子逐渐成熟和独立，某种程度上是对父母地位的挑战。随着问题的暴露，孩子和父母的关系时而冲突，时而冷淡，时而内疚，纷繁复杂。

而从 28 到 35 岁，多数人开始走入婚姻，面临夫妻关系、婆媳关系和亲子关系的多重挑战。此前没有得到充分成长的独立性，一次次在其他关系中重复，挑起内心的痛苦。

在这个年龄段内，仍然缺乏自信和成就感的男性，在家庭关系中敏感多疑；仍然缺乏安全感的女性，在婚姻中与婆婆隐形争夺同一个男人，仍然处于敏感心态的女性，在孩子的成长中迟迟不舍得放手。

走过而立之年，甚至为人父母，心理上的考验似乎从未停止，我们开始解决自己家庭中的问题，不再直接挑战父母，但成长经历中的影响仍然存在。

但是，**我们所有的心理冲突，都是父母、原生家庭、童年经历的错吗？**

一味指责父母从前做得不好，于当前生活无补

有不少父母，在步入老年时才发现，自己曾经对儿女的教育确实有很多遗憾，但他们根本不知道该如何去弥补。他们感到自责和内疚，同时还觉得十分委屈，毕竟年轻时自己真的不懂，原来养育孩子还有那么多学问。

与之对应的是早已成年的儿女一代。曾经在豆瓣上有一个提

问："你能否想起，小时候发生过什么事，让你变成现在的样子，或者留下了阴影？"我从中摘录几段典型的情况：

1. 父母从小就说我不会来事儿，不会说话，不会聊天，然后现在我看见长辈什么的就打怵紧张。

2. 从小父母就没把我当成一个个体，而是他们的附属品，完全按照他们的意愿，把我塑造成他们想象的模样，逼迫我去发展他们喜欢的，打压各种他们不喜欢的。

3. 从小就被灌输要争胜，只要努力追求，就可以实现，时至今日，把自己逼得很累，只会拿起无法放下。

4. 小时候父母的说教吧……别人家的孩子怎样怎样，说我以后也不会有大出息。再就是因为自己比较中性，父母就会说，你这样别人会怎么看我们，以为我们都不正常之类的……再加上我性格本来就很闷，直到现在都特别在乎别人的看法，活得很累。

……

父母遵循着自己被养育长大的方式来教养孩子，到了晚年，开始面临儿女的"惩罚"。惩罚不一定是争吵、冲突和控诉，还有回避、冷漠和疏离。有的儿女选择在远离父母的城市生活，有的儿女始终无法对父母敞开心怀，沟通中缺乏必要的亲密。可是，如果"惩罚"父母有用的话，为何儿女心中的伤痛仍然无法抚平？

最重要的一个原因是，这里的"父母"，既是生活中的父母，也有内化的父母。为什么成长经历对一生的影响如此之大？因为我们早在六岁之前，就已经将父母的一部分，内化为自己的一部分。即便父母不在身边，他们对生活的态度，某些固有的观念，对伴侣的亲密程度，也时时刻刻存在于我们的内在状态中。

这就是分析与疗愈的差异之处，。分析可以带领我们找到问题的症结，发现父母教养方式的问题，而疗愈永远建立在我们当下的状态之上。当下的状态包括了我们天生的独特个性，也有父母的内化影响，还有我们区别于父母的人生经历。它是一个整体，无可分割。

这就是为什么，当我们去指责父母从前做得不好，父母即便道歉，也于事无补。问题已经从父母如何影响孩子，变成了我们要如何去面对自己的生活。

有一位妈妈曾经在咨询中问我，如果她变得关注儿子的感受，他容易发怒的情况是不是真的会变轻？不，我说，我并不能预测任何结果，因为结果在预测之外。重要的是，去做这件事，让生命变得更有意义。

她顿时释然了。她之所以不太关注孩子的感受，是怕孩子会因此变得爱撒娇、不独立，而之所以会害怕，是不希望她的母亲曾经给自己造成的影响，延续到儿子身上。

我们和父母的关系也是如此。**去调整和父母的关系，最终的结果谁都无法保证，但有一部分勇敢的人，能从中发现让自己的人生更有意义的方式。它考验的始终是我们自己，而不是强求父母改变。**

与父母和解，不为自己留下终身遗憾

对我们来说，最恐怖的事，根本不是看到鬼、幽灵或者异形，而是生活中自己最害怕发生的事竟然成真了。《黑镜》第三季第二集"Playtest"活生生地展现出这个规律。

片中，男主角的父亲患上了阿尔茨海默症，开始忘记儿子，忘记妻子，只记得遥远的事。当父亲离世后，男主角感到自己和母亲找不到话说，于是在一个清晨，轻手轻脚溜出家门，借环游世界抒发心中积郁。妈妈打来电话，他总是用自动回复挂断，不和妈妈通话。

他走遍了美国、澳大利亚、意大利、英国，始终没有接过一次妈妈的电话。一个偶然的机会，他参加一款虚拟现实的游戏，做小白鼠，能得到一大笔钱，而这个游戏的剧情，会根据你最害怕的事情来设计。

一开始，他讨厌的蜘蛛出现了，曾经欺负过他的同学出现了，但哪有这么简单？剧情急转直下，跌进噩梦深渊，他竟然像父亲一样，得了阿尔茨海默症，想不起来自己是谁，疯狂尖叫着，让游戏设计者停止实验。他匆匆离开了游戏情景，买张机票逃回家，结果却发现妈妈也得了阿尔茨海默症，完全不认得他了……

他疯狂呼唤妈妈，这才发现，自己仍在游戏情节中。离家出走的内疚，对母亲健康的担忧和对自己的谴责混合发酵，被游戏程序精准捕捉，成为了致命一击。

看着男主角喊叫着"妈妈"倒地身亡的一刻，我十分震撼。

在与父母和解这件事情上，原来我们真的敌不过生老病死。无论父母在我们童年时，给我们留下了多少创伤和遗憾，无论今天我们和父母的相处有多么艰难，关系越冲突，我们潜意识里越害怕失去这个人。如果没有他（她），我的爱恨情仇要指向谁？与父母和解，并不是为了别人，正是为了不要给自己留下终生遗憾。

学会和父母成熟地分离

在外婆的葬礼上，妈妈的一句话让我印象很深："我真的成了孤儿了。"尽管已经过了知天命的年龄，失去母亲仍然是件痛苦的事。

也有朋友和我分享，她的外婆去世时，外婆的几个孩子哭晕在地，看上去很离奇。如果我们与母亲在不该分离的年龄经历了分离，而在该分离的年龄又经历着共生，从来没有成熟地分离过，当真的失去母亲时，就像自己的一部分也随之丧失了。

分离最初意味着与母亲的分离，正如玛格丽特·马勒（Margaret Mahler）的"分离—个体化理论"所指出的那样：出生之后，婴儿和母亲要经历一个心理上从共生到分离的时期，这个时期大约为一年。在这个阶段，我们意识到，妈妈和自己是独立个体。随着孩子成长至18岁，经过多个阶段与父母的分离，达到最终的独立。

共生与分离是一个先紧后松的过程。在孩子三岁之前，父母尤其是母亲对孩子的关注，应当是相对紧密的，而在三岁之后，关注是逐渐开放的。但是，许多父母正在使用相反的策略养育孩子，在孩子年幼时，并没有意识到心理养育的重要性，比如大部分时间交由保姆或老人照顾，无预告地离开孩子，对孩子的需求回应不及时，等等。而在孩子后续的成长中，又过多介入了他需要自主的部分，把自己的焦虑感投注到孩子的人生中，甚至延续到儿女成年后的家庭中，先松后紧，彼此无法成熟分离。

和父母的分离处理不当，造成了当下关系的僵化，充满了暗涌和不自在。与父母的关系不和谐，常见的有五种状态：

第一种，虽已成年，但面对父母依然充满依赖，想让父母为自己做选择，或者为自己的选择负责；

第二种，与父母的关系始终充满冷漠，交谈沟通都无法发自内心；

第三种，对父母持有一种愤怒，而导致关系中常常起冲突；

第四种，面对父母不自觉地尴尬，或是没话说，或总会避免直视对方；

第五种，对父母有一种长期的担心，担心父母过得不幸福，担心自己没有能力让父母幸福起来。

这五种状态，可能以单独或者交错的方式，出现在我们与父母的关系中。

2016 年初，一档真人秀《旋风孝子》将成年子女与父母的关系一目了然地展示出来。这个真人秀要求明星和家人共处六天五夜，这个时长足以看出家庭关系的模式。其中，陈乔恩和母亲的关系尤为突出——她们甚至可以坐在同一张沙发，一整晚都说不上一句话。

在采访中，陈乔恩提到，她和母亲关系疏离，是因为从小母亲对她的棍棒教育，"因为她经常压力很大，我不知道怎么跟她讲话，我怕她随时会打我"。然后，陈乔恩的一句话，说出了大部分人和父母关系差的核心原因：我想真实地跟她相处。

无论依赖、冷漠、生气、尴尬、担心，都会令我们无法在父母面前保持真实，实际上，父母也无法在我们面前保持真实。

成年后，别为了童年的痛苦而持续惩罚自己

很典型的情况是，我们在成年后，会为了童年的痛苦而持续惩罚自己。举一个典型的例子，一个女孩，因为从小受到的教育都是否定式的，成年后便十分渴望被认可。为了证明自己是值得被爱的，不断地换男朋友，无法忍受关系之间有空窗期。每一次新的相遇，激情燃烧的时期，被关注、被追求、被赞美的满足感，让她感觉非常享受。可一旦激情期过去，她立刻意识到这个人不是自己想要的。于是一次次重复，虽然心中渴望被爱、被认可，但行为上一直在制造无爱的关系。

为何旧有的模式，总会在一瞬间就发挥作用？因为感受、信念、渴望都处于潜意识中，它们是机械的、自动重复的、无意识的习惯，消耗了我们的精力，与我们真正想要的生活对抗。尽管会给我们带来短暂的快乐，但长久来看，通常是无益的。

同时，如果我们缺乏评估这个模式是否有可持续意义的能力，缺少自我反省和自我觉察，那么机械重复的习惯，便会主宰我们。负向模式总是在事情发生的一瞬间就自动浮现，只要花很少的努力就能建立，随之产生的强大动力，常常让我们觉得难以阻抗。

现代心理治疗的整合观点给我们提供了希望。例如，现代精神分析的杰出贡献者史蒂芬·米歇尔（StephenA.Mitchell）提出：**我们必须承认生命早期的困扰或创伤，会在成年后再现和重复，然而，更重要的是去观察和理解过去与现在的关系，即过去如何成为现在的基础，过去怎样作用于将来？**

这就意味着，无论我们过去经历了多少不完美，甚至情感上负面影响很大的事件，我们都还有一个当下的状态，一个已经成年的自己，这是疗愈自己的依靠。与父母分离，也就意味着，我们首先要做一个成年人。

和父母待在一起，最容易感觉到的是"退行"。比如，有的人平时身体无恙，一回到父母家就生病，变成一个需要照顾的小孩；在工作场合明明成熟干练，一回家就变成急躁冲动的青少年，不成熟的情绪蠢蠢欲动。如果你与父母之间有这种模式，不要忘了自己也有成熟的状态，需要照顾不成熟情绪的不是父母，而是自己。

　　并且，和父母分离，意味着我们能跟他们分享的实际上会更多，我们可以分享生活中个人的关系、选择和追求，让父母更好地理解自己。否则，谈话的对象永远局限在父母眼中的"你"，也就是那个他们看着长大的孩子。而你离开家后，独立生活的这部分经历，父母甚至完全不知道，意识不到你已经成长为一个怎样的人。许多人通过与父母分享自己的生活经历，发现其实父母能理解的比想象中的要多。这种分享能反过来强化我们作为一个独立个体的存在，在原生家庭基础上，我们拥有了自己完整的人生。

　　当然，与父母分享时让人感到困难的是，父母有时候并不十分尊重成年子女的决定、选择和追求，有时令人感到障碍重重。例如，有时你想做出新的职业选择，父母会否定你的想法，认为那是不切实际的。有人在择偶时，遭到父母的强烈反对，甚至会认为子女是在背叛。

　　这时候，我们与父母之间，需要的是成人与成人之间的对话，而不是孩子与父母的对话。你必须很清楚，什么事情对自己是最有意义的，哪些原则是不能妥协的，倘若为了父母的一时开心而妥协，会导致关系中的怨恨和矛盾。**很多时候，父母的评价来自于自身的不安全感，或者面对超出控制能力的事，而产生了一种自动反应。如果处在一种成年人的状态，你会看到父母的出发点与局限，尊重他们的想法，同时也尊重自己的想法。**

　　有的人在面临需要和父母保持界线时，会觉得内疚和自责。但一个成年人，对自己愿望的态度是诚实的，这是达成成人关系的必要部分，我们需要做的，是不断设定并调试这个界线，直到与父母达成平衡的关系。成为真正的成年人，你才知道，自己有多感激父母，确定自己希望和他们建立一个健康的关系。

18—35岁，这将近18年的时间，不正像是一个人从出生直至成年的时间吗？曾经与父母未达到的成熟分离，将借由我们自身成熟的那一部分，而获得巨大的成长。这一次"成年"，我们可以随时开始。

与父母分离，让我们成为真正的英雄。

陈禹霏，中山大学心理学硕士，国家二级心理咨询师。

图书在版编目（CIP）数据

反脆弱 / 壹心理编著. — 广州：广东人民出版社，
2017.12（2022.2重印）

ISBN 978-7-218-12203-8

Ⅰ.①反… Ⅱ.①壹… Ⅲ.①成功心理－通俗读物
Ⅳ.①B848.4-49

中国版本图书馆CIP数据核字(2017)第265115号

FAN CUI RUO

反 脆 弱

壹心理 编著

出 版 人：肖风华

责任编辑：李　敏
装帧设计：紫图图书 ZITO®
责任技编：吴彦斌　周星奎

出版发行：广东人民出版社
地　　址：广东省广州市海珠区新港西路204号2号楼（邮政编码：510300）
电　　话：（020）85716809（总编室）
传　　真：（020）85716872
网　　址：http://www.gdpph.com
印　　刷：天津中印联印务有限公司
开　　本：880mm×1270mm　1/32
印　　张：9.25　　字　数：200千
版　　次：2017年12月第1版
印　　次：2022年2月第9次印刷
定　　价：49.90元

如发现印装质量问题，影响阅读，请与出版社（020-85716808）联系调换。